ÉMILE COLIN. — IMPRIMERIE DE LAGNY.

LA POLICE
DE SURETÉ

EN 1889

PAR

HORACE VALBEL

PARIS

E. DENTU, ÉDITEUR

LIBRAIRE DE LA SOCIÉTÉ DES GENS DE LETTRES

3, PLACE VALOIS, 3

—

1889

(Tous droits de traduction et de reproduction réservés)

A M. GORON

Chef de la Police de Sûreté.

C'est à vous, mon cher monsieur Goron, à vous, le vaillant Chef de cette armée d'élite, qui s'appelle la POLICE DE SURETÉ, que je dédie ce bien modeste volume.

Horace VALBEL.

LA POLICE DE SURETÉ

EN 1889

SIMPLES NOTES

Chaque jour les journaux annoncent l'arrestation de tel ou tel malfaiteur par les agents de la Sûreté et personne ou presque personne ne sait exactement ce qu'est la police de Sûreté, quelles sont ses attributions, quels services elle rend et quels sont ses agents.

C'est ce qu'il m'a paru intéressant d'expliquer au lecteur, et ce que je vais tenter de faire clairement, succinctement, grâce à des renseignements puisés à bonne source. Je ne m'attarderai pas aux petits détails. J'expliquerai le fonctionnement de la police de Sûreté, son organisation, son rôle et pour finir, je donnerai la biographie des principaux agents de cet important service, en ayant soin de relater très exactement le rôle que chacun d'eux a été appelé à jouer dans les principales affaires judiciaires de ces dernières années.

L'AGENT DE LA SURETÉ

Et d'abord, avant de commencer l'historique de la Sûreté, qu'est-ce qu'un agent de la Sûreté ?

Pour beaucoup, l'agent de la Sûreté est un *mouchard* et comme tel absolument indigne de tout intérêt. A ce point que le lecteur qui s'émeut aux infortunes d'un M. X... ou Z..., relatées aux faits divers, restera absolument froid à la lecture d'un danger, même de mort, couru par un agent de la Sûreté dans l'exercice de ses fonctions.

Je n'ai pas la prétention de dire que ce sentiment soit général. Non certes, et depuis quelques années, au contraire, l'opinion publique a bien changé à l'égard de la Sûreté; mais il est encore trop de gens qui ne connaissent aucunement le véritable caractère des agents de ce service, et qui, sans savoir pourquoi, professent à leur égard des sentiments absolument injustes.

LA SURETÉ GÉNÉRALE

Le public ne fait généralement aucune différence entre la police de Sûreté et la Sûreté générale, qui pourtant sont deux administrations bien distinctes n'ayant entre elles aucun rapport.

. De là le malentendu.

La Sûreté générale est un service politique, dépendant du ministère de l'Intérieur, ayant un chef spécial et dont le rôle est tout différent de celui de la police de Sûreté.

Les agents de ce service agissent dans l'ombre, sans jamais se faire connaître; bien au contraire, car la nature même de leur service les y oblige.

Dès longtemps, le public a gratifié ces agents du qualificatif de *mouchard*, improprement accordé par ricochet aux agents de la police de Sûreté.

Ce service dépend directement de la Préfecture de police (cabinet du préfet), et son rôle, au contraire de celui de la Sûreté générale, est uniquement judiciaire.

UNE IDÉE FAUSSE

Une idée assez généralement répandue et qui n'a pas peu contribué à rendre les agents de la Sûreté antipathiques à la foule, est que ces agents sont en majeure partie des repris de justice. C'est là une grande et grave erreur !

Et il est tellement vrai que cette opinion a cours dans le public, qu'il ne se passe pas de jour que M. Goron ne reçoive à son cabinet des repris de justice demandant à être nommés agents de la Sûreté.

— Eh bien, M. Goron, lui disent-ils en l'abordant, j'en suis à ma cinquième condamnation, voulez-vous m'embaucher à présent?

. . . .

Jadis, et alors que la police de Sûreté n'était pas encore créée, il est vrai que le service en était assuré par une bande de repris de justice repentants qui servaient d'indicateurs à la police, ainsi que nous l'expliquerons plus en détail par la suite. Depuis longtemps tout est bien changé, et celui qui se présenterait pour faire partie de la police de Sûreté serait impitoyablement refusé s'il avait la moindre inscription à son casier judiciaire. Une simple condamnation pour port d'arme prohibée suffirait à l'empêcher d'être accepté. Ce que j'affirme là est rigoureusement exact.

Les agents de la Sûreté sont des agents judiciaires, nous l'avons dit, chargés de rechercher les auteurs des crimes ou délits et de les arrêter, souvent même au péril de leur vie.

L'agent de la police de Sûreté agit ouvertement. Il n'a pas à cacher sa qualité ; tout au contraire, il est obligé de la décliner et à toute réquisition de montrer sa carte à ceux auxquels il a affaire. C'est là sa sauvegarde. Il lui serait impossible d'être reçu, d'obtenir les renseignements dont il a besoin s'il ne justifiait de son titre.

Ce qui ne veut pas dire évidemment que l'agent de la police de Sûreté ne soit pas obligé de se travestir quelquefois.

La recherche des malfaiteurs l'oblige à fréquenter certains bouges ou il courrait de très grands risques s'il ne parvenait à se faire passer pour un des hôtes habituels de l'endroit où il se trouve, ou tout au moins pour un des compagnons ordinaires des clients du lieu.

Il lui faut par conséquent dans ce cas, et dans bien d'autres analogues, se travestir selon les circonstances.

LA HIÉRARCHIE DES AGENTS

L'agent, le simple agent de la Sûreté, a le titre d'inspecteur.

Or, inspecteur n'est pas un grade, comme beaucoup semblent le croire.

La hiérarchie est ainsi établie : inspecteur, sous-brigadier et inspecteur principal.

Cette appellation d'inspecteur a même donné lieu et donne souvent lieu à des erreurs du genre de celle-ci.

Dans une grande administration, un brigadier et un inspecteur se présentent un jour et se font annoncer à un chef de service auquel ils avaient à communiquer certains renseignements. Le chef de service n'hésite pas et il fait introduire auprès de lui le simple agent, c'est-à-dire l'inspecteur, pendant que le brigadier attendait dans l'antichambre.

Si j'ai signalé ce fait sans importance réelle, c'est uniquement parce que, à un moment donné, il sera fait certainement une modification à ces désignations.

LA SÛRETÉ RATTACHÉE AU CABINET DU PRÉFET

J'ai dit plus haut que la police de Sûreté dépendait du préfet de police, directement.

Il n'en a pas toujours été ainsi.

La police de Sûreté dépendait jadis de la police municipale et se trouvait placée sous les ordres directs du chef de la police municipale.

M. Macé, alors qu'il était chef de la Sûreté, avait réclamé avec insistance le rattachement de son service au cabinet du préfet.

Il estimait en effet, et avec raison, que les besoins du service exigeaient le plus souvent une grande rapidité de communications entre le service et le préfet.

Or, dépendant de la police municipale, le chef de la Sûreté devait rendre compte de ses agissements, d'abord au chef de la police municipale, qui les transmettait hiérarchiquement au préfet de police.

D'où une perte de temps très préjudiciable. Jusqu'à l'époque où M. Taylor prit la direction du service de la Sûreté, les choses restèrent en l'état que je viens d'indiquer.

Pendant les derniers mois de la direction de M. Taylor, le rattachement réclamé par M. Macé fut opéré.

Depuis, le chef de la Sûreté communique directement avec le préfet, et point n'est besoin d'insister sur l'avantage qui en résulte.

LE PARQUET ET LA POLICE DE SURETÉ

Le chef de la Sûreté communique également, sans passer par aucun intermédiaire, avec le Parquet.

Cependant il rend compte au préfet, son chef direct, de toutes les communications que les besoins du service l'ont mis dans l'obligation d'entretenir avec le parquet, avant de l'en avoir prévenu.

J'ajouterai, sans insister autrement sur ce point, que si, jadis, quelques conflits se sont produits entre le Parquet et le service de la Sûreté, rien de semblable n'existe plus aujourd'hui et que les meilleures relations existent entre le Parquet et la Sûreté que les magistrats considèrent très justement comme un auxiliaire précieux.

Le service de la Sûreté a fait en effet, depuis déjà longtemps, de grands progrès.

M. le préfet de police se plaît à le reconnaître. Il fait mieux, il laisse au chef de la Sûreté la plus entière liberté d'action et se contente d'avoir chaque matin avec M. Goron une conversation au cours de laquelle ce dernier le met au courant des opérations de son service et des résultats qu'il espère ou qu'il a obtenus.

Ceci dit, et avant d'aborder la seconde partie de cette étude rapide, ayant trait à la composition du service de la Sûreté et à l'organisation de ses bureaux ou brigades, j'expliquerai comment la Sûreté a été formée, qui en a été le promoteur et quels ont été, jusqu'à ce jour, les divers chefs de ce service.

ORIGINE DE LA SURETÉ

Le premier qui ait eu l'idée d'une police de Sûreté, c'est Vidocq.

Fils d'un boulanger d'Arras, François-Eugène Vidocq de Saint-Eugène, né à Arras en juillet 1775, fut condamné à Cambrai, le 28 Vendémiaire de l'an V, à huit ans de fers comme coupable de faux en écritures, ayant pour but l'évasion d'un nommé Boitel, incarcéré à la prison de Lille. Vidocq n'était pas coupable et en juillet 1826 un arrêt de la Cour royale de Douai le déclarait innocent du faux en question.

En 1809, Vidocq fit ses premières armes comme policier à Lyon, en qualité d'indicateur.

A la suite d'aventures sans nombre et après plusieurs évasions, il s'enrôla sur un corsaire, à bord duquel il s'empara des papiers d'un nommé Bel. Pendant quelque temps, il se donna sous ce nom.

M. Dubois, préfet du Rhône en 1809, lui délivra, en raison des services qu'il lui avait rendus, un passeport pour la Hollande, où il s'engagea dans la marine.

Il obtint rapidement l'épaulette d'officier, mais ses antécédents ayant été connus, il quitta la marine hollandaise et, en 1815, nous le retrouvons à Paris, à la tête d'une petite brigade de repris de justice, fournissant à la police des renseignements officieux.

Cette brigade, composée de 28 hommes, était en 1824 presque officiellement reconnue et Vidocq touchait un traitement fixe de cinq mille francs, pour son entretien.

A l'avènement de Dalaveau comme préfet de police, en 1826, Vidocq se brouilla avec son chef de division M. Duplessis, et donna sa démission.

Il fonda à ce moment une fabrique de *papiers de sûreté* dans laquelle il employait les repris de justice qui paraissaient vouloir racheter leur existence passée et revenir au bien.

Le papier de sûreté était un papier spécial pour chèques, traites, etc., d'une confection telle que son imitation était absolument impossible.

Cependant, après la Révolution de 1830, Vidocq, recommandé à Gisquet par Casimir-Perier, rentra dans la police et y resta jusqu'au 15 novembre 1832, époque à laquelle sa brigade fut licenciée par Gisquet, et le service de Sûreté proprement dit organisé réellement et officiellement pour la première fois ;

CRÉATION DE LA POLICE DE SURETÉ

C'est donc de cette époque (1832) que date la création de la police de Sûreté, dont Vidocq a certainement été l'instigateur.

Tout d'abord ce service comprenait un effectif de 31 hommes : un chef de service, un inspecteur principal, quatre commis, quatre brigadiers et 21 inspecteurs ou agents auxquels étaient joints en outre quatorze *indicateurs* provenant de la brigade Vidocq.

Le personnel était porté à 160 hommes en 1848.

Selon les événements et les préfets ce nombre fut ensuite modifié.

Il retomba à 60, remonta à 110, 120, 200 et 250, et finalement il s'élève aujourd'hui à plus de 300 hommes, cadres non compris.

Je n'ai pas voulu, comme on l'a vu d'ailleurs, m'étendre sur la personnalité de Vidocq, dont la romanesque existence est connue de tous mes lecteurs. J'ai simplement voulu indiquer l'époque à laquelle, grâce aux efforts de Vidocq, le service de la Sûreté avait été établi régulièrement.

LES CHEFS DE LA SURETÉ ET L'ÉCHARPE TRICOLORE

Je citerai maintenant et le plus brièvement possible les divers chefs qui se sont succédé à la Sûreté, et j'ajouterai que ces divers chefs étaient obligés de rendre leur écharpe de commissaire et d'accepter d'être remis officiers de paix pour remplir les fonctions de chef de la Sûreté.

Cette rétrogradation que rien ne justifiait était de plus fort préjudiciable aux intérêts du service, et cela est facile à comprendre.

Un exemple, entre mille, que je pourrais citer :

Le chef de la Sûreté, n'étant pas commissaire de police, ne pouvait procéder lui-même à des perquisitions. Il lui fallait se faire assister d'un commissaire de police. Il en résultait des lenteurs déplorables, et l'immixtion d'un fonctionnaire du dehors dans des affaires que seul le chef de la Sûreté pouvait avoir à connaître et à conduire selon son sentiment personnel, et selon surtout qu'il le jugeait le plus utile aux intérêts qu'il avait mission de défendre, de protéger.

Pourquoi, se demandera-t-on alors, cette obligation pour le chef de la Sûreté de rendre son écharpe de commissaire?

La raison, la voici ; je la donne sans détours ; parce que le chef de la police municipale, qui était lui-même commissaire de police, ne voulait avoir sous ses ordres que des collaborateurs hiérarchiquement inférieurs à lui.

Et d'ailleurs voici ce que dit à ce sujet M. Macé, l'ancien chef de la Sûreté, dans son volume sur *la Police de Sûreté*.

« Quelle prévention avaient donc contre l'écharpe

tricolore les chefs de la police municipale et pourquoi la voyaient-ils d'un mauvais œil en possession du chef de la Sûreté ?

» La raison en est bien simple : les chefs de la police municipale ont toujours voulu représenter à la Préfecture de police le pouvoir absolu, dans toute sa rigoureuse exigence, et être pour ainsi dire plus préfets que les préfets eux-mêmes.

» Tous avaient titre de commissaire de police et ils n'admettaient pas qu'un chef de leur service pût être leur égal en écharpe. »

Je laisse, bien entendu, la responsabilité de cette appréciation à son auteur, tout en reconnaissant qu'elle est très plausible, aucun autre motif ne pouvant être fourni à une mesure que rien n'expliquait et qui ne pouvait qu'entraver un service où tout dépend justement de la rapidité dans l'exécution.

LES DIVERS CHEFS DE LA SURETÉ

Le premier chef de la Sûreté, régulièrement instituée, fut donc M. Allard, commissaire de police, remis officier de paix. Il exerça ses fonctions du 15 novembre 1832 au 15 décembre 1848.

Le second fut M. Perrot, commis-principal, du 15 décembre 1848 au 3 mars 1849.

Le troisième, M. Canler, officier de paix, exerça du 3 mars 1849 au 14 novembre 1851.

Le quatrième, M. Balestrino, officier de paix, du 14 novembre 1851 au 9 janvier 1853.

Le cinquième, M. Collet, officier de paix, du 9 janvier 1853 au 7 octobre 1858.

Le sixième, M. Tenaille, commissaire de police, remis officier de paix, du 7 octobre 1858 au 1ᵉʳ juin 1859.

Le septième, M. Claude, commissaire de police, remis officier de paix, puis renommé commissaire de police par M. de Kératry, préfet de police, occupa les fonctions de chef de la Sûreté du 1ᵉʳ juin 1859 au 10 juillet 1875.

M. Jacob, commissaire de police, remis officier de paix, vint ensuite, et resta du 10 juillet 1875 au 17 février 1879.

Il fut remplacé par M. Macé qui, le premier, refusa absolument d'être remis officier de paix et qui, je l'ai dit plus haut, mena une énergique campagne en faveur du rattachement de la Sûreté au cabinet du préfet.

M. Macé conserva son poste du 17 février 1879 au 31 mars 1884, époque à laquelle il prit sa retraite.

M. Kuehn, commissaire de police, ne fit à la Sûreté qu'une courte apparition, du 1ᵉʳ avril 1884 au 28 novembre 1885.

M. Taylor, commissaire de police, lui succéda. Le préfet fut obligé de lui adjoindre un sous-chef. C'était la première fois et je n'insisterai pas sur les motifs qui décidèrent le préfet à donner à ce magistrat un aide dont il ne pouvait se passer.

Tout le monde se souvient encore du séjour de M. Taylor à la Sûreté du 1ᵉʳ décembre 1885 au 9 novembre 1887.

Il ne faudrait pas cependant conclure de ce qu'on vient de lire que M. Taylor était un incapable.

La chance, à vrai dire, l'a peu favorisé. Dès son entrée en fonctions, plusieurs affaires se produisirent dont les résultats malheureux (et ils l'auraient été pour tout autre), n'étaient pas faits pour le mettre en vue.

M. Taylor n'avait accepté ce poste qu'à son corps défendant, sentant très bien qu'il n'avait pas les qualités voulues pour diriger cet important service. C'était à part cela un homme intègre, très juste, d'une urbanité parfaite et il a laissé d'excellents souvenirs à la Sûreté.

Le sous-chef de la Sûreté, M. Goron, commissaire de police, fut nommé chef du service le 14 novembre 1887 en remplacement de M. Taylor qui fut appelé à remplir les fonctions de ministère public au tribunal de simple police.

Je ne parlerai pas autrement de M. Goron, à cette place, me réservant de le présenter d'une façon très complète au lecteur en tête des biographies que je publierai à la suite de cette étude.

Et maintenant j'aborderai sans plus tarder la partie administrative, en donnant la composition du personnel, l'organisation des bureaux et du service actif divisé par brigades ayant chacune leur rôle bien tranché.

EFFECTIF DE LA POLICE DE SURETÉ

Le personnel du service de la police de Sûreté est ainsi composé :

1° Un commissaire de police, chef du service, qui est M. Goron ;

2° Un commis principal, M. Martini, considéré comme sous-chef et qui a rendu de grands services au service de la Sûreté auquel il appartient depuis de longues années. M. Martini a la direction des bureaux et du personnel ;

3° Deux commis, ayant passé l'examen exigé des secrétaires de commissariat.

Ces deux commis, MM. Soullière et Guillaume, secrétaires de M. Goron, sont secondés par MM. Herbain et Baquè, inspecteurs faisant fonctions de secrétaires.

4° Cinq inspecteurs principaux, MM. Gaillarde, Jaume, Brenay, Orion et Solle ;

5° Dix brigadiers, parmi lesquels MM. Soudais, Rossignol, Prince, Bleuze, etc.

6° Vingt sous-brigadiers dont le plus connu est M. Bourlet ;

7° Trois cents inspecteurs ou agents. J'ai dit déjà qu'inspecteur n'était pas un grade.

DIVISION PAR SECTIONS

En raison de ses attributions multiples et de natures diverses, l'effectif que je viens de détailler est divisé en huit sections, ainsi dénommées, ayant chacune ses attributions spéciales :

1° Les bureaux ;
2° La brigade spéciale ;
3° Les notes et mandats ;
4° Les réquisitions ;
5° Le Mont-de-Piété ;
6° La voie publique ;
7° Les mœurs ;
8° Le centre ou permanence.

BUREAUX ET ARCHIVES

Placés sous l'intelligente direction du commis principal, les bureaux se composent d'un brigadier, d'un sous-brigadier et de trente-quatre inspecteurs faisant fonctions de commis. Le brigadier Rothier, qui supplée M. Martini, a la surveillance spéciale des commis.

Depuis que le service de la Sûreté est devenu autonome, le service des bureaux a pris une extension considérable. Les archives, très importantes au point de vue des repris de justice, ont augmenté dans de grandes proportions.

La Sûreté fournit actuellement à l'administration et au Parquet une moyenne de cent soixante rapports par jour. Quelques-uns de ces rapports sont très étendus.

On se rendra d'ailleurs un compte exact de l'importance des bureaux de la police de Sûreté quand on saura que le travail des employés de ce service consiste dans la réception et l'enregistrement des notes et pièces de justice parvenant au service (environ 150 pièces par jour); l'examen de ces documents et leur distribution dans les diverses sections, selon la nature et l'importance des missions à accomplir; l'examen et la correction des rapports fournis par les agents de chaque service; la rédaction et l'expédition des rapports destinés à l'autorité administrative et judiciaire; le classement des dossiers et photographies, ces dernières très nombreuses; la notification des pièces de justice; le relevé d'état civil de tous les individus envoyés au Dépôt par les commissaires de police de Paris et de la banlieue; l'établissement et la tenue des dossiers du personnel; la comptabilité générale du service, fort compliquée en raison des différentes catégories de primes payées par l'administration, la justice, les contributions indirectes, le droit d'entrée, l'octroi, la compagnie des allumettes, etc., etc., chaque article exigeant un état spécial en double et triple expédition; enfin la correspondance par lettres ou télégrammes, soit avec la province, soit avec l'étranger.

Il est à peine nécessaire d'ajouter que cette correspondance exige un soin tout particulier et une extrême rapidité, les malfaiteurs recherchés pouvant, grâce aux moyens actuels de transport, mettre en quelques heures la frontière entre la justice et eux.

Comme on le voit, le chiffre de 34 inspecteurs employés à ce service des plus chargés est loin d'être exagéré.

LA BRIGADE SPÉCIALE

La brigade spéciale est composée de : un inspecteur principal, M. Jaume ; quatre brigadiers, MM. Soudais, Rossignol, Bleuze et Prince ; un sous-brigadier, M. Bourlet, et vingt inspecteurs dont les plus connus sont MM. Barbaste, Lasserre, Walhen et Houlier.

Les agents de la brigade spéciale, choisis parmi ceux qui se sont distingués par leur zèle, leur activité et leur intelligence, sont spécialement attachés au cabinet de M. Goron.

C'est aux agents de cette brigade qu'incombent les missions à l'intérieur et à l'extérieur, les missions importantes, délicates ou dangereuses. Je citerai spécialement comme faisant partie de cette brigade l'inspecteur Houlier, qui habituellement recherche en Angleterre les malfaiteurs qui s'y sont réfugiés.

C'est également la brigade spéciale qui est chargée de la recherche et de l'arrestation des grands criminels, des escrocs de la finance et du haut commerce, en un mot de toutes les affaires exigeant un grand tact. Les jeunes agents considèrent généralement comme un honneur d'être appelés à faire partie de cette brigade d'élite. C'est pour eux un titre de gloire.

Enfin, ce sont encore les agents de la brigade spéciale qui sont prêtés, à titre exceptionnel toutefois, aux parquets de province mal outillés, qui demandent au service de la Sûreté l'envoi de un ou deux agents pour rechercher le ou les auteurs d'un crime à sensation.

SECTION DES NOTES ET MANDATS

La section des notes et mandats, placée sous la direction de l'inspecteur principal Breney, se compose de un brigadier et de quarante inspecteurs.

Ces agents ont pour mission : les recherches, les informations, les investigations de toute nature ; la recherche et l'arrestation des déserteurs, des insoumis à la loi militaire ; la recherche et l'arrestation de tous les individus sous le coup de mandats d'amener et d'arrêts, de jugements correctionnels, d'arrêts de la cour d'appel et de la cour d'assises, de jugements des tribunaux de commerce, ordonnant le dépôt dans une maison d'arrêt des négociants en faillite frauduleuse, enfin, la recherche et la capture de gens dont l'arrestation est demandée par les gouvernements étrangers en vertu des traités d'extradition.

Toutes ces recherches, qui nécessitent de laborieuses démarches, durent quelquefois plusieurs mois, souvent même plusieurs années.

Les agents de ce service marchent isolément. Généralement ils ne procèdent pas eux-mêmes aux arrestations à moins que, au cours de leurs recherches, ils ne se trouvent nez à nez avec l'individu recherché.

La section des notes et mandats se subdivise en deux brigades absolument distinctes : la brigade des mandats et celle des notes; les agents de ce dernier service sont dénommés *les notiers*.

La brigade des *mandats* s'occupe plus spécialement des recherches devant aboutir à des arrestations; celle des *notes* procède à toutes sortes de recherches et enquêtes.

Les notiers sont des agents plus lettrés que leurs camarades des autres services. Ils ont à faire de longs rapports et c'est souvent sur le vu de ces rapports détaillés, que le juge d'instruction transforme un individu seulement soupçonné en inculpé.

En effet, lorsqu'ils ont été chargés d'obtenir des renseignements sur tels ou tels individus, ils rédigent leurs notes, les transmettent au préfet de police par l'intermédiaire du chef de la Sûreté, qui revoit ces notes, destinées au procureur de la République.

Ce magistrat, selon la nature des renseignements fournis, désigne un juge d'instruction qui décerne s'il y a lieu un mandat d'arrêt.

Les agents de la permanence exécutent alors ces mandats et procèdent aux arrestations en se transportant au domicile de l'inculpé à l'heure où ils seront certains de le rencontrer conformément aux indications des agents des notes et mandats.

Les notiers s'occupent aussi de fournir des renseignements sur les inculpés libres ou détenus. Ils font des recherches dans l'intérêt des familles, recherchent les traces des époux ayant quitté le domicile conjugal, des pères, mères, fils ou sœurs disparus et dont les familles désirent connaître l'adresse.

Enfin, ils sont chargés de recueillir les renseignements demandés par le parquet dans les vingt-quatre heures, en vue d'abréger la détention des gens inculpés de légers méfaits, justiciables du tribunal des flagrants délits.

SECTION DES RÉQUISITOIRES

Sous la direction du brigadier Saint-Hillier, qui remplit les fonctions de caissier du service, un commis et dix inspecteurs composent cette section.

Ces agents exécutent les réquisitoires du procureur de la République.

Ils exécutent également la contrainte par corps, à l'égard des individus redevables à l'Etat d'une amende, de frais de justice, ou envers les particuliers pour condamnation à des dommages-intérêts, toutes sommes pour lesquelles la contrainte par corps est exigible.

Le réquisitoire est décerné quand le débiteur n'a pas payé sur avis, et qu'il n'est pas jugé suffisamment solvable pour qu'il soit utile de risquer les frais de saisie mobilière ou immobilière.

Beaucoup de gens poursuivis paient au dernier moment pour éviter la prison. Souvent même les personnes redevables à l'Etat paient par acomptes.

L'agent devient alors percepteur et reçoit les sommes qu'on lui verse. Il s'entend avec le débiteur contre lequel la contrainte par corps n'est pas annulée par le versement des acomptes, et lui rend visite de temps à autre jusqu'à complet paiement.

Le service des réquisitoires fait ainsi rentrer à l'Etat de 75,000 à 90,000 francs par an, considérés comme perdus par le Trésor.

Les agents des réquisitoires ont encore pour mission de rechercher et d'arrêter les individus condamnés à la prison en simple police et qui ne se sont pas constitués à la réquisition du commissaire faisant fonctions de ministère public, tels que les cochers, qui consentent difficilement à se présenter d'eux-mêmes, et dont le nombre est considérable.

SECTION DU MONT-DE-PIÉTÉ.

La section, ou mieux la brigade du Mont-de-Piété, ne se compose que d'un sous-brigadier, M. Montignac, et de trois inspecteurs.

Ces agents sont chargés de la surveillance des salles d'engagement; ils ont donc pour mission de protéger le public contre les pick-pockets qui s'introduisent partout, même là.

De plus, et sur la demande du directeur de cet important établissement, ils doivent s'assurer de la provenance de certains objets engagés par des personnes suspectes et au besoin ils procèdent à l'arrestation de ceux qui se présentent pour engager des objets signalés comme ayant été volés. La mission de ces agents est fort délicate, elle exige un très grand tact et les services qu'ils rendent, tant au public qu'à l'administration, sont nombreux.

SECTION DE LA VOIE PUBLIQUE

La brigade dite de « la voie publique » est une des plus importantes du service de la Sûreté.

Placée sous les ordres de l'inspecteur principal Gaillarde, dont j'entretiendrai longuement le lecteur, au cours de la publication des biographies qui doit terminer cette étude, elle se compose de : un brigadier, quatre sous-brigadiers et trente-quatre inspecteurs.

Les agents de la brigade de la voie publique, appelée *brigade volante*, n'ont pas de but déterminé Ils vont *à la flan*, c'est-à-dire au hasard, selon leur inspiration. Ils cherchent les affaires, se promènent dans les rues fréquentées, visitent les églises, les banques, surveillent les champs de courses, les stations d'omnibus, et s'ils aperçoivent un individu dont les allures leur semblent suspectes, ils le filent et généralement le pincent en flagrant délit, car leur flair les a rarement trompés.

Le matin, ces agents visitent les commissariats et se mettent quelquefois à la disposition des commissaires de police.

Leur métier est des plus pénibles ; fréquemment, ils restent deux et trois jours sans rentrer, occupés à une *filature* importante qui souvent les oblige à de longues stations sous la pluie et dans la neige. Ils courent de grands dangers. En effet, les agents de la voie publique sont obligés de se travestir soit en garçons marchands de vin, soit en menuisiers, en maçons, etc., etc., pour se mêler aux diverses classes de la société qu'ils sont tenus de fréquenter pour découvrir certains malfaiteurs.

Il leur faut des aptitudes spéciales. Ils ne doivent être déplacés nulle part, et nul ne doit les deviner sous le vêtement qu'ils ont revêtu. Ils se lient avec les camelots qui, généralement, leur servent d'indicateurs, sachant, d'ailleurs très bien, à qui ils font des confidences, et n'ignorant pas qu'au jour venu ils seront eux-mêmes arrêtés par celui-là même auquel ils ont indiqué certaines affaires où ils ont trempé.

L'agent de la voie publique fréquente aussi les souteneurs et les filles parce que dans ce monde, — où par exemple il doit surtout éviter d'être deviné, sous peine de graves dangers, — il recueille d'intéressantes confidences aidant à l'arrestation des criminels.

En un mot, ce sont les agents de la voie publique, qui surveillent et arrêtent les pick-pockets, les voleurs au *fric-frac*, c'est-à-dire ceux qui à tout hasard s'introduisent dans un immeuble et fracturent les portes des chambres de bonnes pour les dévaliser; les *roulottiers* qui dévalisent les voitures chargées de marchandises diverses; les voleurs au *radin*, ceux qui entrant dans un débit de vins demandent une bouteille de vin fin et profitent du moment où le cabaretier est à la cave pour enlever la caisse et disparaître ; les voleurs à *l'enterrement*, c'est-à-dire ceux qui ayant rencontré *un pante*, — lire un naïf, — lui proposent de faire la noce en leur compagnie.

Ils lui montrent alors une certaine somme en billets de banque or et argent et arrivés du côté des fortifications où ils se dirigent de préférence, enterrent leur trésor pour éviter « disent-ils » d'être volés en route.

Un peu plus loin, ils s'arrêtent et s'écrient : « Sapristi, nous allons faire la fête, c'est vrai, mais nous avons oublié de garder de l'argent. »

Le *pante*, plein de confiance, montre alors ce qu'il possède — c'est là ce qu'attendaient nos gaillards — on le lui prend et on le charge de retourner chercher une somme quelconque à l'endroit où se trouve enfouie la fortune de la bande qui s'éclipse pendant ce temps.

Le gogo retrouve bien la cachette, mais en fait d'argent il ne trouve plus qu'un paquet de vieux papiers.

Le plus curieux est que souvent le prétendu naïf, croyant voler ses compagnons, s'empare de ce qu'il croit un trésor, s'enfuit avec et ne s'aperçoit que beaucoup plus tard de sa méprise. Dans ce cas le mal n'est pas grand, à voleur voleur et demi.

Les agents arrêtent également et fréquemment les voleurs à *l'américaine*. Ces derniers, chose que peu de personnes savent, sont plutôt des escrocs que des voleurs et c'est à ce titre qu'ils sont poursuivis en justice.

En effet les voleurs à l'*américaine* ne fouillent pas les poches, ils emploient des manœuvres frauduleuses pour capter la confiance de leurs victimes et se font remettre par elles-mêmes ce qu'ils convoitent.

Enfin, les agents surveillent et arrêtent les *cambrioleurs* qui pillent avec préméditation des logements dont les locataires sont absents ; les voleurs au *poivrier* qui dévalisent les ivrognes endormis sur la voie publique ; les voleurs à l'étalage, les bandes organisées, les receleurs, et les voleurs *à la tire*, c'est-à-dire ceux qui profitent d'un encombrement pour bousculer un individu auquel ils enlèvent pendant ce temps et avec une dextérité remarquable son portefeuille ou les valeurs qu'il a sur lui.

Ce genre de vol s'opère surtout aux environs des maisons de banque.

Les voleurs *à la tire* ne pratiquent pas les vols de petite importance ; ils étudient leur terrain pendant plusieurs jours au besoin, vérifient le nombre des portes de sortie des maisons de banque et s'assurent autant que possible avant d'opérer que la victime qu'ils ont en vue vient de toucher à l'un des guichets une somme qui vaille la peine d'être volée.

Il serait trop long de donner la nomenclature des multiples variétés de voleurs que les agents du service de la voie publique ont pour mission de surveiller, de prendre en flagrant délit et d'arrêter.

Par l'exposé restreint que je viens de faire, on se rendra suffisamment compte des services importants que rendent les modestes agents de la voie publique, souvent, trop souvent même, au prix de grands dangers, et quand j'aurai dit qu'en un an ce service a procédé à 2,231 arrestations pour flagrants délits sur la voie publique, le lecteur sera complètement édifié.

QUELQUES CHIFFRES

J'aborde maintenant l'étude, ou mieux l'exposé des services rendus par les deux dernières sections de la police de Sûreté, puis, je publierai sitôt après les biographies fort intéressantes et pleines d'émouvantes anecdotes qui termineront cette étude rapide et sans autre but que celui d'appeler l'attention du lecteur sur toute une catégorie d'agents trop peu connus jusqu'à ce jour, et cependant fort dignes d'intérêt.

SECTION DES MŒURS

La brigade des mœurs que je me contenterai d'indiquer sans m'étendre plus qu'il n'est besoin sur les petits détails, est placée sous la direction de l'inspecteur principal Solle.

Elle se compose d'un brigadier M. Cordé, de quatre sous-brigadiers et de trente inspecteurs, chargés de constater, de réprimer la débauche sur la voie publique et de toutes missions intéressant la morale.

C'est à la brigade des mœurs qu'incombe encore la surveillance des maisons de tolérance qui diminuent tous les ans, tuées par la concurrence extérieure.

On se plaint avec juste raison de l'envahissement croissant des rues et du trottoir par les filles.

Il faudrait pour remédier à cet état de choses un nombre incalculable d'agents. Et encore !

Autrefois, d'un seul signe, l'agent se faisait suivre au poste, sans bruit, sans scandale, par la fille qu'il trouvait en défaut.

Aujourd'hui son autorité est entièrement méconnue. La fille prise en flagrant délit se refuse le plus souvent à suivre l'inspecteur de police au poste. Elle crie, trépigne, sanglote, simule même quelquefois la crise de nerfs pour rassembler autour d'elle les passants dont elle implore alors aide et protection, jurant ses grands dieux qu'elle est innocente.

Et il arrive ce fait singulier que le public, qui se plaint journellement, qui prétend que le service des mœurs est mal fait, que les filles peuvent provoquer impunément le passant à la débauche, prend fait et cause pour la fille et s'efforce de la faire relâcher. Il faudrait pourtant être logique.

Je ne parlerai que pour mémoire du souteneur qui guette sans cesse les agents et qui, voyant la foule rassemblée, provoque un scandale, crie, s'indigne et trop souvent oblige l'agent des mœurs à se retirer sans avoir pu remplir sa mission.

La police des mœurs appartenait jadis à la police municipale.

Dirigée par un officier de paix elle formait une brigade spéciale.

M. Macé demanda et obtint le rattachement de ce service au service de la Sûreté. Pendant les premiers temps de ce rattachement la brigade des mœurs avait été fusionnée avec le service de la voie publique. Un grave inconvénient en était résulté.

En effet, les agents de ce service négligeaient de s'occuper des filles pour se livrer presque entièrement à la recherche des malfaiteurs.

M. Macé modifia cette combinaison première et reforma le service des mœurs en une brigade spéciale sous la direction d'un inspecteur principal, ainsi qu'elle existe encore aujourd'hui.

L'ancien chef de la Sûreté avait insisté pour le rattachement du service des mœurs à la Sûreté, parce qu'il pensait, et très justement d'ailleurs, que la surveillance de certains garnis habités par des filles pouvait aider puissamment à la recherche des criminels.

Et maintenant veut-on savoir combien de filles ont été arrêtées pendant l'année 1888, par les seuls agents des mœurs? 10,465, pas une de plus, pas une de moins; se décomposant comme suit : 9,337 filles soumises, 1,110 insoumises et 18 frappées d'arrêtés d'expulsion.

Se douterait-on que, parmi ces filles, seize étaient âgées de moins de quinze ans ; 2,389 étaient âgées de quinze à vingt ans ; 203 de cinquante-et-un à soixante ans, et enfin vingt-trois de plus de *soixante-et-un ans*!

Je m'arrêterai là, bien qu'il y ait encore fort à dire sur ce sujet, et je reconnaîtrai pour donner satisfaction à tous que des erreurs très regrettables ont été commises, en effet, quelquefois par les agents du service des mœurs.

Quel est celui qui ne se trompe jamais?

LA SECTION DU CENTRE OU PERMANENCE

Cette section est la plus importante de tout le service, au point de vue du nombre des agents. Elle se compose, en effet, d'un inspecteur principal, M. Orion ; d'un brigadier, M. Archimbaud ; de sept sous-brigadiers, parmi lesquels MM. Moser, Clairet et Favreau et de cent trente-quatre inspecteurs.

Vingt-deux de ces derniers sont détachés à poste fixe soit dans les bureaux, à l'administration centrale, soit aux délégations judiciaires, dans les établissements financiers, soit enfin au Trésor, à la Banque de France, à la Bourse et aux Magasins généraux.

Un certain nombre des agents *du Centre* sont également détachés, mais pour un temps déterminé, chez les commissaires de police de quartiers, ou même en missions spéciales.

Le restant, environ cent hommes — quand l'effectif est au complet, c'est-à-dire quand le budget le permet — est réparti en trois brigades alternant entre elles pour le service de la permanence.

Le jour, deux de ces brigades sont présentes ou en mission.

La nuit, une seule brigade est de service. Au surplus voici comment est organisé le service des brigades du Centre :

La première brigade prend sa garde le matin à huit heures et ne la quitte que le lendemain à la même heure. La deuxième brigade effectue alors le même service pendant que la troisième brigade dite « *de petite journée* » prend le service à neuf heures du matin et le quitte à six heures et demie du soir, pour devenir à son tour le lendemain première brigade et accomplir ses vingt-quatre heures de service. Ainsi de suite pour les deux autres brigades.

Les agents du Centre qui se trouvent inoccupés se tiennent en permanence au service, pour parer aux éventualités. Ils forment la réserve chargée de s'occuper des missions se présentant à l'improviste.

Les agents de cette section ont pour mission d'arrêter les individus placés sous le coup de pièces de justice.

Ils accomplissent des surveillances prolongées, protègent les personnes menacées de mort ou de voies de fait, surveillent les individus réputés dangereux et les aliénés dont l'état de santé n'est pas assez grave pour nécessiter l'incarcération dans une maison de santé.

En outre, les agents du Centre sont chargés d'extrader les détenus qu'il faut conduire en ville, tels que les commerçants, les financiers faillis se rendant chez le syndic ; les inculpés à confronter avec diverses personnes ; ceux qu'il est nécessaire de conduire à la recherche de complices ; les détenus dont il faut vérifier le domicile avec leur concours ; les étrangers à conduire à la légation de leurs pays aux fins de rapatriement ; les détenus expulsés qui doivent mettre ordre à leurs affaires avant d'être dirigés sur la frontière en voiture cellulaire ; les enfants arrêtés à reconduire à leur famille, et enfin les provinciaux à mettre en chemin de fer pour regagner leur pays.

Les agents du Centre sont chargés aussi d'assister à certains mariages et de protéger les mariés qui ont à redouter quelque scandale soit d'une ancienne maîtresse, soit d'un prétendu évincé, etc.

Ils extradent les détenus appelés à passer le conseil de revision.

Enfin ils ont à recueillir les renseignements d'extrême urgence demandés par l'administration et le Parquet ; ils vont à la recherche des gens convoqués instantanément pour les besoins de la justice, et portent les lettres de convocation aux témoins cités à comparaître le lendemain au tribunal des flagrants délits. Le nombre de ces lettres s'élève chaque jour de 20 à 25.

UNE INTÉRESSANTE STATISTIQUE

Avant de continuer par les biographies, il m'a paru intéressant de donner au lecteur quelques chiffres ayant leur éloquence.

Le service de la Sûreté a reçu, pendant l'année 1888, 27,903 pièces administratives et 9,075 pièces judiciaires.

Il a fourni 44,399 rapports, 7,690 renseignements urgents au petit Parquet.

Les agents de la brigades du Centre ont extradé des diverses prisons 3,322 détenus qu'il fallait conduire en ville; ils ont exercé 1684 surveillances spéciales et distribué dans Paris 5,633 lettres. Ils ont en outre procédé à l'arrestation de 6,490 individus sous le coup de mandats ou de jugements, 15 déserteurs, et 102 insoumis.

Les agents de la voie publique ont arrêté, pour leur part 2,231 individus pris en flagrant délit, ce qui fait en tout 8,839 arrestations pour crimes ou délits.

S'il fallait ajouter à ce chiffre les diverses autres arrestations opérées par le service de la Sûreté, on arriverait à un chiffre colossal.

Or, je l'ai dit, ce service ne comporte en tout que 340 agents.

BIOGRAPHIES

M. GORON, CHEF DE LA SURETÉ

Je suis d'autant plus à mon aise pour parler de M. Goron, le sympathique chef de la Sûreté, que personne ne m'accusera de partialité si je dis de lui tout le bien que j'en pense.

En effet, la nomination de M. Goron au poste de chef de la Sûreté a été approuvée par la presse de tous les partis, dans les termes les plus flatteurs, et depuis, tous mes confrères ont à maintes reprises fait paraître, le concernant, des articles des plus élogieux auxquels j'emprunterai même certains détails.

CE QU'EST L'HOMME

M. Marie Goron est né à Rennes (Ille-et-Vilaine); il est âgé aujourd'hui de quarante et un ans. M. Goron, pour me servir des termes de M. Emile Gautier, rédacteur à la *Vigie algérienne*, un ennemi-né de la police cependant, est un des hommes les plus dignes d'estime que je connaisse, d'une probité à toute épreuve, d'une intelligence, d'une finesse et d'un tact hors ligne, à l'honneur duquel existent mille petites anecdotes de la vie privée ou administrative que je me vois obligé de passer sous silence pour ne pas trop blesser sa modestie.

M. Emile Gautier le dépeignait très exactement par ces deux lignes :

« M. Goron est brave et loyal comme une épée ; né soldat, il mourra soldat... etc. »

Essentiellement Parisien, d'un esprit très fin, aimant la société, ne dédaignant pas le spectacle dans les rares moments de liberté que lui laisse un service des plus chargés, M. Goron est très recherché par ses nombreux amis.

Hors de son bureau, M. Goron qui s'habille comme tout le monde, très élégamment même, mange, boit, vit comme tout le monde — ceci à l'usage des gens qui s'imaginent qu'un chef de la Sûreté est quelque chose comme un ogre — ne parle jamais, à moins qu'on ne fasse venir l'entretien sur ce sujet, de son service qu'il adore et auquel il se consacre tout entier. Sa conversation vive et enjouée, le ton de bonhomie avec lequel il s'exprime, les airs de naïveté qu'il affiche quelquefois et que démentent la finesse et la raillerie de son regard qui vous fouille, donnent un charme tout particulier aux anecdotes qu'il excelle à conter et qu'il sait émailler de mots amusants, de souvenirs vécus.

Je puis dire, sans crainte d'être démenti par personne, qu'il ne compte que des amis, même dans la presse généralement hostile à la police. Enfin, une activité dévorante et un rare bonheur dans les affaires qu'il a mission d'instruire complèteront ce portrait dont je garantis l'exactitude.

M. GORON SOLDAT

Après avoir terminé ses études dans divers collèges et lycées de Bretagne, M. Goron qui se sentait les aptitudes nécessaires pour être soldat voulait absolument entrer à Saint-Cyr.

Ses parents, qui avaient d'autres vues, désiraient en faire un pharmacien. Par déférence pour eux, il consentit à faire un stage dans le laboratoire d'un pharmacien, mais son tempérament nerveux s'accommodait mal de ce régime.

M. Goron n'avait pas le calme nécessaire pour compter des gouttes de laudanum; aussi, après avoir exercé pendant quelques mois en qualité d'élève-potard, abandonna-t-il le pilon et le pèse-gouttes pour contracter un engagement volontaire au 99° de ligne. Il avait alors dix-sept ans. Une partie de son régiment se trouvait au Mexique; sans hésiter il demanda à faire campagne et... au lieu du Mexique on le dirigea sur Lyon, puis sur Paris.

Nommé sergent, il rendit ses galons, et par changement de corps passa dans l'infanterie de marine. Il fit alors plusieurs campagnes coloniales, notamment à la Martinique, et, au moment où, nommé sergent-major, il allait, sur sa demande, permuter pour un régiment de tirailleurs sénégalais, sa famille, à force de prières, l'obligea à renoncer à ses projets belliqueux et lui paya un remplaçant.

Il rentra donc à Rennes, où il était à peine depuis quelques mois, lorsque la guerre de 1870-71 éclata.

Nommé lieutenant dans la garde mobile d'Ille-et-Vilaine, M. Goron n'eut pas un seul instant d'hésitation; il démissionna et, au lendemain de la bataille de Forbach, il s'engagea comme simple soldat dans un régiment de turcos avec lequel il fit toute la campagne aux armées du Rhin, de la Loire et de l'Est.

Au moment même où il se disposait à passer en Suisse avec le général Bourbaki, M. Goron eut les pieds gelés. On le transporta à l'ambulance de Besançon.

Le médecin-major, après l'avoir examiné, déclara qu'une amputation était nécessaire. M. Goron refusa énergiquement — ce dont il se loue chaque jour — de se soumettre à ce traitement par trop radical.

Après de longues et cruelles souffrances, il fut envoyé en convalescence à Blidah (Algérie).

Le dernier mot n'était pas dit pour lui, la mort le désirait. A peine arrivé, il était atteint de la fièvre typhoïde et cette fois les médecins affirmèrent qu'il était bien perdu. On le soigna donc fort bien, il est vrai, mais par acquit de conscience.

Grâce à son tempérament très nerveux, il guérit et revint à Rennes, dans un état pitoyable, au milieu de sa famille qui le croyait mort, n'ayant pas su ce qu'il était devenu depuis de longs mois.

Ses parents, le croyant à jamais guéri de son amour pour les aventures et les voyages et désirant en faire un homme tranquille, le placèrent dans une maison de commerce, mais le besoin d'activité et de mouvement revint bientôt avec la santé.

L'EXPLORATEUR

Dans l'intervalle, M. Goron qui avait été nommé lieutenant, puis capitaine adjudant-major territorial, s'était marié, il était devenu père de famille ; on pouvait donc croire qu'il ne quitterait plus Rennes, et chacun chez lui s'en réjouissait, lorsqu'un beau jour il partit avec sa femme et ses enfants pour l'Amérique du Sud.

En compagnie de quelques Européens, il se rendit pour fonder une colonie dans une partie du Grand-Chaco, où les Européens et les Américains civilisés n'avaient encore jamais pénétré.

Il vécut là, près de deux ans, au milieu des Indiens Tobas, anthropophages du haut Pilcomayo, les mêmes qui ont depuis assassiné le docteur Crevaux, puis un jour le malheur s'abattit sur lui. Il perdit un fils qu'il adorait, qui commençait à devenir pour lui un compagnon utile, et dont il ne parle jamais sans éprouver une émotion qui l'étreint à la gorge et lui remplit les yeux de larmes. Son exploitation fut pillée par les Indiens qui enlevèrent ses bestiaux; l'inondation et les sauterelles firent le reste.

M. Goron, le cœur brisé, lassé de tant d'efforts stériles, ne se sentant plus le courage de recommencer sa lutte et craignant pour les siens, revint en France, après mille péripéties que le cadre de cette étude ne m'a pas permis de narrer, comme je l'aurais voulu, par le détail.

M. GORON ENTRE DANS L'ADMINISTRATION

Très chaudement recommandé à M. Andrieux qui était alors préfet de police, M. Goron entrait le 10 mars 1881 dans l'administration et débutait comme secrétaire suppléant des commissariats de police de la ville de Paris, au quartier des Halles, dont M. Dodiau était alors commissaire.

Neuf mois après, grâce à son zèle et aux services qu'il avait déjà rendus, il était nommé secrétaire-titulaire à Neuilly-sur-Seine, sous les ordres de M. Lejeune, actuellement commissaire de police du quartier de la Sorbonne.

Onze mois après, l'administration le rappelait à Paris où il exerçait les fonctions de secrétaire-titulaire au commissariat de M. Collas, quartier Saint-Vincent-de-Paul.

Il était ensuite attaché aux délégations judiciaires, comme secrétaire de M. Clément qui, pressentant en lui l'étoffe d'un vrai policier, aimant son métier, plein de tact et d'initiative, le gardait le plus longtemps possible.

Appelé à passer les examens au mois d'août 1885, M. Goron, reçu avec le numéro un, était nommé commissaire de police à Pantin le 1er novembre 1885.

A peine un an après, le 1er octobre 1886, M. Gragnon, alors préfet de police, le faisait appeler et lui annonçait sa nomination comme sous-chef de la police de Sûreté dont M. Taylor était chef.

Ce fut un véritable deuil pour les habitants de Pantin, lorsqu'ils apprirent le départ de leur commissaire. M. Goron avait su se concilier les sympathies de tous les honnêtes gens et se faire redouter de tous les malfaiteurs qui connaissaient sa bravoure, son activité, et auxquels en maintes circonstances il avait donné la chasse au péril de sa vie.

Au départ de M. Taylor, appelé à d'autres fonctions ainsi que je l'ai dit plus haut, M. Goron fut nommé chef de la Sûreté par M. Gragnon.

Il fut, par suite de circonstances connues du lecteur, et sur lesquelles je reviendrai d'ailleurs, mis en disponibilité, puis réintégré dans son poste par M. Bourgeois, préfet de police, et c'était justice.

Et maintenant je dirai quelles sont les principales affaires auxquelles M. Goron a pris une part active et je citerai quelques détails peu connus du public, quelques anecdotes qui donneront une très juste idée de la décision, de la sûreté de jugement de M. Goron, l'habile chef de la Sûreté auquel M. le préfet de police, qui se connaît en hommes, donne toute liberté d'action, que le Parquet tient en haute estime, ainsi qu'il résulte de nombreuses lettres officielles de félicitations et que la population parisienne est heureuse de savoir à la tête de l'important service qu'il dirige avec tant de zèle.

M. GORON ET SES AGENTS

Je ne donnerai certainement ni le détail, ni même l'énumération des affaires auxquelles M. Goron a pris une part active. Il me faudrait en effet les citer toutes, car M. Goron paie toujours de sa personne et stimule le zèle de ses agents en marchant à leur tête.

Dirai-je que les agents de la Sûreté, très fiers d'être ainsi secondés par leur chef, ne négligent rien pour réussir et mériter ses félicitations.

M. Goron a su, tout en se montrant très ferme, très sévère même, se faire aimer de ceux qui sont placés sous ses ordres. S'il punit impitoyablement pour la moindre faute, s'il exige de ses agents beaucoup de travail, une scrupuleuse exactitude et une honnêteté à toute épreuve, il leur en donne l'exemple et sait, lorsqu'ils se sont signalés par leur travail, leurs aptitudes spéciales ou leur courage, les signaler à l'attention du préfet, et les récompenser selon leurs mérites.

Inutile avec lui de jouer au plus fin, car on perdrait son temps. Il devine les *carottiers* et en a horreur. La franchise, voilà ce qu'il veut, et les agents le savent bien : « Le chef est plus fort que nous, disent-ils, ce n'est pas à lui qu'on en ferait accroire ».

Auprès des criminels, M. Goron n'obtient pas moins de succès ; tous le craignent et l'estiment parce qu'ils savent qu'il tient ses promesses ; et, le fait a été maintes fois constaté, lorsqu'ils se décident à faire des aveux, c'est par lui qu'ils demandent à être entendus.

LA MISE EN DISPONIBILITÉ

J'ai fait allusion dans mon dernier article à la mise en disponibilité de M. Goron, au moment de l'affaire Wilson. Je ne reviendrai pas sur les incidents qui ont marqué ce long et pénible procès. On sait que des lettres avaient disparu d'un dossier. Il fallait savoir comment la chose s'était faite et M. Goron devait être entendu par le juge chargé d'instruire cette affaire. Pour la régularité de l'instruction, M. Goron fut mis en disponibilité.

M. Dhers, le sympathique commissaire de police, qui fut chargé de diriger pendant ce temps la police de Sûreté, savait tellement bien que l'absence de M. Goron ne pouvait être que momentanée, qu'il se contenta d'expédier les affaires urgentes, s'inspirant des habitudes du chef de la Sûreté, et répétant à qui voulait l'entendre que son intérim serait court et qu'il souhaitait vivement voir M. Goron reprendre son poste.

Le juge d'instruction rendit, on le sait, une ordonnance de non-lieu. Cette décision fut connue du préfet de police à quatre heures de l'après-midi. A cinq heures, M. Goron était appelé au cabinet de M. Bourgeois qui, lui serrant les mains, le priait de reprendre immédiatement son poste.

C'est assez dire en quelle estime il le tenait.

L'AFFAIRE LECOMTE

Nos lecteurs se souviennent encore du crime de la rue Tiquetonne, dont le retentissement fut considérable.

Lecomte, marchand de couleurs, boulevard Latour-Maubourg, avait tenté d'assassiner un garçon de recettes de la Banque de France pour le voler. L'assassin, aussitôt arrêté, se refusait obstinément à donner son nom, et fort probablement on ne l'aurait jamais su sans M. Goron.

L'intelligent chef de la Sûreté ayant remarqué, pendant qu'il interrogeait Lecomte, qu'un seul bouton existait encore à la ceinture de son pantalon, s'empara d'un canif et, brusquement, au moment où le misérable s'y attendait le moins, il s'approcha de lui et d'un seul coup de canif enleva le bouton.

L'adresse du tailleur s'y trouvait. M. Goron triomphant s'écria : « Maintenant, vous pouvez vous taire, je saurai bien qui vous êtes. »

La partie était perdue pour Lecomte qui fit des aveux complets.

L'AFFAIRE ALLMAYER

Le commissaire de police de Biarritz avait adressé à son collègue de Bordeaux une dépêche dans laquelle il lui signalait la présence dans sa ville d'un individu qui se faisait appeler de Bonneville et qu'on soupçonnait d'avoir commis des faux sous le nom du député d'Oran.

Cette dépêche fut transmise à M. Goron par M. Guérin, secrétaire du préfet de police.

Le chef de la Sûreté réfléchit quelques instants ; ce nom ne lui était pas inconnu.

Il se rappela, en effet, qu'Allmayer avait pris maintes fois un nom semblable, soit Macqueville, soit Bonneville même, et qu'il avait, en Algérie, commis nombre d'escroqueries.

A tout hasard et sans hésiter, il lança un agent sur la piste de l'individu signalé par le commissaire de police de Biarritz.

Le lecteur comprendra, sans qu'il soit besoin d'insister, combien la décision, la rapidité de conception sont nécessaires chez un chef de la Sûreté. Je n'ai pas besoin d'ajouter qu'Allmayer fut arrêté malgré ses ruses. Il me faudrait un volume pour rappeler toutes ces affaires en détail. Je me contente de signaler les points qui me paraissent mettre le plus en relief les qualités maîtresses du chef de la Sûreté.

AFFAIRE PRANZINI

Le point capital de l'affaire Pranzini était de retrouver le complice, le fameux Gaston Geissler. Il était évident que, Geissler demeurant introuvable, Pranzini rejetterait sur lui toute la responsabilité et se défendrait d'avoir été autre chose qu'un complice ayant joué un rôle secondaire.

Il fallait donc à tout prix découvrir Geissler.

On avait trouvé chez la victime des manchettes marquées G. Geissler.

En recherchant aux garnis, on constata que deux jours avant le crime, un M. Gaston Geissler était descendu à l'hôtel Cailleux, 57, rue de Dunkerque, près de la gare du Nord, et qu'il avait disparu le jour même où Marie Regnault avait été assassinée.

On fit une perquisition qui amena la découverte d'un fragment de manifeste électoral de Breslau, une enveloppe de cigares venant de Cologne, l'adresse d'un chemisier de Berlin, un trousseau de clés et enfin une vieille valise.

C'était peu.

M. Goron se mit en route, il visita la Belgique, Cologne, Berlin et Breslau, retrouva le marchand qui avait vendu la valise, le chemisier et enfin la famille... non de Geissler, mais de Georges Guttentag.

Guttentag était parti de chez ses parents, il avait pris à tout hasard le nom de Geissler, fort répandu en Allemagne, et finalement, se trouvant dans la misère, ne voulant pas le faire savoir à sa famille, s'était jeté dans la Seine, avait été repêché, arrêté comme vagabond et enfermé à Mazas sous le nom de Geissler.

M. Goron apprit tout cela par dépêche. Il revint en toute hâte à Paris, trouva Guttentag à Mazas, cellule 182, lui prouva qu'il ne s'était jamais appelé Geissler et détruisit ainsi la légende du complice de Pranzini, du fameux homme brun.

Cette course folle de M. Goron, parti avec un chiffon de papier à la recherche d'un criminel, avait été couronnée du succès le plus complet.

M. Guillot, juge d'instruction, adressa à M. Goron une lettre de félicitations des plus méritées.

AFFAIRE CATUSSE

Veut-on connaître enfin la rapidité avec laquelle M. Goron agit. Qu'on se souvienne de l'arrestation de la bande Catusse. En une semaine, M. Goron visita Londres, Anvers, Bruxelles, Spa, Marseille, Nice, Monte-Carlo et Caen.

Et maintenant je crois en avoir assez dit, j'ajouterai seulement que M. Goron a joué un rôle des plus actifs dans les affaires : Rossel, l'assassin de la rue Gay-Lussac; Séjourné, assassin de Garches; Schumacher, Mathelin, Géomay; qu'on lui doit en grande partie l'arrestation des bandes Poussin, Boutonnet, du père Mathieu; et tout récemment la très rapide capture de l'assassin de la fille Dubois, de la bande Allorto, etc., etc.

Je m'arrête et Dieu sait pourtant si je pourrais citer encore nombre de faits des plus méritoires à l'actif de M. Goron.

Je continuerai maintenant les biographies des agents du service, en commençant par celle de M. Martini, le bras droit de tous les chefs de la Sûreté qui se sont succédé au quai de l'Horloge.

UNE ANECDOTE

Avant de quitter M. Goron et de parler des principaux agents de son service, je m'en voudrais de ne pas citer une amusante anecdote que je retrouve dans mes notes. M. Goron sollicitait d'être admis à faire partie du personnel de la Préfecture de police; il avait brillamment passé ses examens d'admission et attendait impatiemment sa nomination. M. Martin-Feuillée qui, connaissant M. Goron, lui portait un très vif et très réel intérêt, l'emmena à la Chambre le jour où, pour la première fois, M. Naquet portait à la tribune la question du divorce — c'était en février 1881 — et le présenta à M. Andrieux, alors préfet de police, qui lui fit le meilleur accueil et lui promit prompte satisfaction.

L'entrevue terminée, M. Goron assista à la séance. Les tribunes étaient bondées d'électeurs de toutes les classes.

Au moment de se retirer, M. Goron, voulant s'assurer de l'heure, porta la main à son gousset, et lui qui devait entrer à la Préfecture de police quelques jours après, lui qui devait devenir chef de la Sûreté et par conséquent faire une guerre constante aux malfaiteurs, il s'aperçut avec stupéfaction que si la chaîne pendait encore à son gilet, sa montre en or, à laquelle il tenait beaucoup, avait disparu.

Peut-être, depuis qu'il exerce ses fonctions de chef de la Sûreté, M. Goron a-t-il eu maintes fois en sa présence son voleur du Palais-Bourbon; et qui sait si ce dernier ne lui a pas demandé, suprême ironie, l'heure qu'il pouvait bien être.

M. MARTINI

M. Martini, le bras droit de tous les chefs de la Sûreté, a succédé dans son service à M. Droz, qui a laissé à la Sûreté d'excellents souvenirs. Né le 3 juillet 1848 à Appriciani, dans l'arrondissement d'Ajaccio, M. Jean-César Martini est entré au service de la police de Sûreté le 1ᵉʳ décembre 1871.

Pendant quatre ans il a fait du service actif et s'est fait remarquer par son zèle, son activité et les enquêtes qu'il a été chargé de faire.

En 1875, M. Jacob qui venait de succéder à M. Claude, le faisait entrer dans les bureaux en qualité de rédacteur. M. Macé, en 1879, le prenait comme secrétaire et, depuis lors, il conservait cette fonction auprès des chefs de la Sûreté qui succédaient à M. Macé, tout en suivant la voie hiérarchique pour son avancement.

Au moment où il allait être nommé inspecteur principal, les nécessités du service le firent nommer commis, grade pour lequel d'ailleurs les services qu'il avait rendus comme secrétaire le désignaient plus spécialement.

Au départ de M. Taylor, M. Martini était nommé commis principal.

Comme secrétaire des divers chefs de la Sûreté depuis 1879, il a collaboré à toutes les grosses affaires criminelles qui se sont présentées. Il a puissamment concouru à tous les travaux d'ensemble du service.

M. Martini est un fonctionnaire des plus précieux. Parfaitement bien élevé, d'une obligeance à toute épreuve, d'une discrétion absolue, et surtout d'une modestie dont rien n'approche. M. Martini est très apprécié du préfet de police qui le tient en haute estime.

Il a acquis une expérience dont ses supérieurs apprécient vivement l'utilité.

Plein de tact et de finesse, M. Martini, si jamais un sous-chef de la Sûreté devait être adjoint à M. Goron, est tout désigné pour ce poste. Il a rédigé pour l'administration supérieure des rapports qui sont de véritables modèles de clarté et de concision.

M. Goron, qui le considère comme un collaborateur des plus utiles, ne dédaigne nullement, tout au contraire, de faire appel à ses connaissances techniques.

On peut dire de lui qu'il a le sort des excellents troisièmes rôles au théâtre, dont on est si satisfait, qu'on trouve tellement bien, qu'on ne veut pas les changer parce qu'on ne pourrait pas les remplacer.

Et en effet M. Martini n'est que commis principal, il n'est pas même commissaire de police.

Dieu sait pourtant les services qu'il pourrait rendre comme magistrat.

Depuis dix ans, c'est lui qui entre avec le chef de la Sûreté dans la cellule des condamnés à mort et qui rédige les rapports d'exécutions. C'est lui qui dirige, à la Sûreté, le personnel des bureaux, entre les mains duquel passent tous les rapports. En un mot, il est le suppléant du chef de la Sûreté, qui se repose entièrement sur lui, connaissant sa valeur et ses exceptionnelles qualités, qu'il se plaît à mettre en lumière chaque fois qu'il en trouve l'occasion, c'est-à-dire souvent.

M. MARTINI PENDANT LA GUERRE

M. Martini, que son numéro de tirage au sort avait exempté du service militaire, a été appelé à faire la campagne de 1870-71, comme garde mobile, dans l'Est d'abord, puis à l'armée de la Loire et enfin de nouveau à l'armée de l'Est avec Bourbaki.

Il s'est donc trouvé combattre aux côtés de M. Goron que d'ailleurs il ne connaissait pas.

M. Martini, entre autres combats, a assisté à celui de Villersexel où, pendant un carnage de seize heures, il vit tomber à ses côtés plusieurs de ses camarades et le brave colonel Parent.

Il fut fait prisonnier le 18 janvier à Héricourt, près Montbéliard.

Il s'évadait au bout de quelques jours, et après une marche des plus pénibles, il fut repris par les Allemands malgré le déguisement dont il s'était affublé, et faillit bien payer de sa vie son audacieuse fuite.

Enfermé dans une église pour être fusillé le lendemain, et profitant du moment où l'on relevait les factionnaires, il s'enfuit à toutes jambes à travers la plaine, poursuivi par les coups de feu des sentinelles.

Il était temps!

N'en pouvant plus, respirant à peine, il s'arrêta, et, dans un mouvement de rage patriotique, il se retourna et lança aux Prussiens l'éloquent vocable de Cambronne.

— Jamais, dit-il encore lorsqu'il rappelle ces souvenirs, ce mot ne me parut si bien Français.

Pendant huit jours il se cacha sous bois, traversant les ruisseaux à la nage, mangeant ce qu'il trouvait, des racines et quelques pommes de terre que lui offraient les bûcherons, couchant dans des creux de rochers, à peine vêtu, engourdi par le froid.

Enfin il arriva à Arbois, se rendit ensuite à Mâcon, d'où il fut dirigé par l'intendance sur Marseille, où il fut admis en subsistance au fort Saint-Jean.

A peine arrivé à Marseille, il s'enrôla dans une compagnie de francs-tireurs garibaldiens pour être habillé, car il était à peu près nu, et finalement il regagna son pays, ayant bien largement rempli son devoir de Français.

Tel est l'homme qui dirige comme commis principal les bureaux de la police de Sûreté et qui jouit très justement de l'estime et de l'amitié, non seulement de ses chefs, mais de tous ceux qui, comme votre serviteur, ont le plaisir de le connaître, et qui tous ont applaudi en lisant à l'*Officiel* du 14 juillet dernier que les palmes académiques venaient de lui être décernées.

LES SECRÉTAIRES DE M. GORON

Il me semblerait injuste de ne pas signaler à l'attention du lecteur les secrétaires de M. Goron, ses collaborateurs assidus. Je le ferai en quelques lignes.

A l'instar des peuples heureux, ces messieurs n'ont pas, à proprement parler, d'histoire.

En effet, toujours auprès du chef de la Sûreté, chargés de rédiger des rapports, de préparer les pièces de procédure, d'assister aux enquêtes, aux perquisitions — il ne leur est jamais donné de se signaler individuellement.

Ils se sont occupés de toutes les affaires importantes et ont accompagné M. Goron dans toutes ses expéditions.

Ce sont eux qui reçoivent le plus souvent les reporters parisiens, dont ils ont su se faire des amis, par l'empressement, la gracieuseté et la patience mis à leur donner sur telle ou telle affaire tous les détails que le secret professionnel ne les obligeait pas à garder.

M. SOULLIÈRE

Né à Avignon, âgé de vingt-huit ans, M. Soullière a quitté l'armée comme maréchal-des-logis-chef d'artillerie. Il fut nommé successivement sous-lieutenant de l'armée de réserve puis lieutenant d'artillerie territoriale.

Depuis quatre ans, M. Souillère appartient au service de la Sûreté. Il a subi avec succès les examens exigés des secrétaires du commissariat. Très assidu à son travail, très dévoué à son chef, dont il est fort estimé, M. Soullière aura, j'en suis certain, un fort bel avenir.

M. GUILLAUME

Agé de vingt-deux ans, né en Bretagne, M. Guillaume, le plus charmant garçon qui soit au monde, est le neveu de M. Goron.

Il se préparait à l'Ecole Saint-Cyr et a renoncé à cette carrière pour venir exercer près de son oncle les fonctions de secrétaire.

A telle école, il est certain qu'il se formera sûrement et rapidement. Son titre de parenté avec M. Goron m'empêche de dire de lui tout le bien que j'en pense ; néanmoins je crois être dans le vrai, en terminant ces courtes lignes par ces mots : « Tel est l'oncle, tel sera le neveu. »

MM. HERBAIN ET BAQUE

MM. Herbain et Baque font tous les deux fonctions de secrétaires suppléants et complètent très heureusement le bureau de M. Goron.

Tous deux sont d'anciens sergents-majors. Leur intelligence, leur tact et surtout une éducation plus parfaite les ont fait choisir parmi les inspecteurs du service de Sûreté pour les fonctions qu'ils occupent et qui exigent une grande honnêteté, une très grande discrétion professionnelle.

MM. ORION ET BRENEY

MM. Orion et Breney, tous deux ayant titre d'inspecteur principal, l'un au Centre, l'autre au Service des notes et mandats, méritent également une mention.

Chargés d'un service des plus importants pour lequel leurs aptitudes spéciales les avaient hautement désignés, ils ont débuté en sortant du régiment comme sergents-majors par le service actif où ils ont largement fait leurs preuves.

M. Orion a surtout voyagé en Angleterre, grâce à sa connaissance de la langue anglaise.

Il a de plus habité longtemps l'Amérique du Nord et a même pris part à la guerre de Sécession comme sous-lieutenant des Etats américains du Nord.

Cet hommage rendu à des agents qui, n'ayant aucune occasion de se mettre en vue, n'en rendent pas moins d'importants services, je commencerai les bibliographies des agents du service actif en commençant par M. Gaillarde, et ce ne sont certes pas les traits de courage et de dévouement qui feront défaut dans ces récits d'un intérêt palpitant, ainsi que le lecteur pourra en juger.

L'INSPECTEUR PRINCIPAL GAILLARDE

UNE LONGUE CARRIÈRE. — BEAUX ÉTATS DE SERVICE.
EN 1870-71

M. Pierre Gaillarde est né en 1838, à Montlouis (Pyrénées-Orientales).

Il est donc âgé de cinquante et un ans. D'une taille moyenne, les cheveux et la barbe d'un noir de jais à peine grisonnant, encadrant une figure un peu pâle où brillent deux yeux très vifs, très malins, qui en disent long et vous analysent un homme en moins de temps qu'il n'en faut pour le dire, tel est l'inspecteur principal Gaillarde, un des plus anciens, des plus consciencieux et des plus habiles agents de la Sûreté.

Très affable, d'une grande modestie, toujours actif, connaissant comme personne son service, ayant plus d'un tour dans son sac, d'une finesse et d'une sûreté de jugement extraordinaires, surtout en matière criminelle, M. Gaillarde jouit d'une considération universelle. Ses chefs, qui n'ont jamais eu un reproche à lui faire, l'aiment fort ; les agents, placés sous ses ordres, lui obéissent religieusement, car ils savent la valeur de celui qui les commande, et connaissent son glorieux passé.

Il est très apprécié du parquet et des médecins légistes qui, souvent, ont recours à ses lumières.

M. Gaillarde, en effet, vous dit sans se tromper, à la seule inspection d'un cadavre, quel a été le genre de mort, dans quelles circonstances le crime s'est commis, et presque toujours il sait de quel côté il convient de diriger les recherches.

Il est arrivé plusieurs fois que, sans lui, sans sa résistance énergique basée sur une conviction absolue, des assassins auraient été relâchés, des affaires classées, faute de preuves suffisantes. Dans ces circonstances, n'écoutant que sa conscience, ne voyant que l'intérêt de la justice, il a résolument tenu tête, non seulement aux médecins légistes et au Parquet, mais encore à ses chefs directs, et tous ont dû reconnaître l'infaillibilité de son flair merveilleux.

M. Gaillarde est, en outre, a été surtout, l'un des meilleurs *fileurs* de la Sûreté, emploi qui exige des qualités spéciales, une finesse et une intelligence peu ordinaires.

Il a concouru à quantité d'arrestations des plus dangereuses, a été mêlé à toutes les grosses affaires judicaires qui se sont produites depuis 1867, a rendu de réels services à l'administration à laquelle il appartient, et pourtant la boutonnière de son vêtement est encore vierge du moindre petit ruban tricolore décerné, très justement d'ailleurs, aux simples gardiens de la paix qui arrêtent les chevaux emportés.

SERVICE MILITAIRE

M. Gaillarde a fait la campagne de Chine en 1860 et en août 1862, il s'est vaillamment conduit et a mérité notamment les éloges de ses chefs, pour avoir par son énergie, — intervenant dans une bataille entre deux matelots, — sauvé d'une morte certaine six de ses camarades isolés sur une barque en pleine mer.

Le 12 mars 1867, il est entré au service de la police de Sûreté sous les ordres de M. Claude, chef du service.

EN 1868

En 1868, M. Gaillarde, assisté de deux de ses camarades, fut chargé de rechercher et d'arrêter un dangereux malfaiteur, le célèbre assassin Avinin, le découpeur des cadavres des marchands de paille de la Chapelle et de Saint-Denis, celui qui au moment de subir le châtiment suprême s'écriait : « N'avouez jamais ».

EN 1869

Nos lecteurs se souviennent encore tous de l'affaire Troppmann. Ce hardi malfaiteur avait, on se le rappelle, assassiné à Pantin la famille Kink, composée de cinq personnes.

Muni d'une pelle et d'une pioche, Gaillarde fut chargé de rechercher et de déterrer les cadavres enfouis par l'assassin dans le champ Langlois.

Gaillarde accomplit cette sinistre besogne et retrouva les cadavres, celui de la mère et ceux des quatre enfants.

L'aîné avait encore un couteau planté dans la gorge. Gaillarde fit conduire les malheureuses victimes à la Morgue, où il se tint en permanence pendant quelque temps.

Il fut également chargé de garder, pendant quelques jours, Troppmann à la Conciergerie où il avait été transféré après avoir été arrêté au Havre, où il avait tenté de se noyer dans le grand bassin.

EN 1870

M. Gaillarde, qui, pendant la guerre et pendant la Commune, est resté au service de la Sûreté, a dû remplir de périlleuses missions, et c'est miracle qu'il n'ait pas payé de sa vie son incroyable audace.

La présence à Montmartre d'un espion, officier général, avait été signalée au gouvernement de la Défense nationale, qui donna l'ordre au préfet de police de le faire arrêter.

Gaillarde fut chargé de ce soin.

A cet effet, il se rendit à Montmartre pour surveiller une propriété de la rue Marcadet où l'on supposait que l'espion avait dû se cacher.

Des femmes, mises en défiance par les allures mystérieuses de Gaillarde, le signalèrent à des gardes nationaux comme espion prussien. Il fut immédiatement arrêté et conduit au poste. Pendant le trajet, les femmes surexcitées, comme on l'était généralement à cette époque, lui jetaient des pierres en proférant des cris de mort.

Dans la soirée, transféré du poste au comité de la mairie de Montmartre, il fut encore l'objet des fureurs de la foule, puis, enfin, ayant pu s'expliquer, il fut remis en liberté, contusionné, meurtri, mais tout prêt à exécuter encore les ordres de ses chefs.

En décembre, surveillant, dans le quartier Monceaux, une femme qu'on disait être la maîtresse de Bismarck et qu'on accusait de communiquer avec les Allemands en traversant les lignes de défense, il fut de nouveau arrêté comme espion et relâché, d'ailleurs, presque aussitôt.

A Montrouge, il se tint pendant plusieurs heures en observation dans une maison pour surprendre des gens qui communiquaient avec l'ennemi au moyen de signaux de lumière. Les obus éclataient à chaque instant autour de lui.

EN 1871

Il fut chargé, après la bataille de Montretout, le 9 janvier 1871, d'aller chercher les cadavres des nombreux gardes nationaux de Paris qui avaient été tués pendant cette terrible journée.

Aidé de trois de ses collègues, il remplit six voitures de déménagement de cadavres, qu'il transporta à la Morgue et qu'il déshabilla afin de les faire reconnaître par leurs familles. La plupart des malheureux gardes nationaux étaient mutilés : aux uns il manquait un bras, une jambe, aux autres presque la tête.

M. Macé, commissaire de police, dirigeait cette besogne sinistre.

C'est surtout pendant la Commune que M. Gaillarde courut les plus gros risques. Attaché à l'état-major d'une division, il assista aux divers combats livrés aux fédérés.

Venant, après la prise de Montmartre et de la gare des marchandises (Nord), de porter une dépêche à un chef d'état-major, il fut arrêté par les gardes nationaux comme fédéré.

N'ayant pu se faire écouter de leur chef, il fut conduit à la Prévôté, avec ordre de le fusiller en route au premier pas qu'il ferait de travers. Il dut à un capitaine de gendarmerie qui comprit ses explications d'être relâché.

L'ARRESTATION DE ROUSSEL

Au mois de septembre 1871, Gaillarde découvrit un nommé Roussel, sujet belge, ancien commandant des fédérés, qui avait assassiné à coups de revolver un négociant de l'île Saint-Louis, dans un café de la rue de Rivoli.

Roussel, se voyant pris, sautait par une fenêtre du premier étage dans la rue et prenait la fuite.

Deux jours après, Gaillarde se présentait dans une maison du faubourg du Temple, arrêtait Roussel dans son lit et l'emmenait au bureau de M. Berlioz, commissaire de police, non sans peine, car plusieurs fois pendant le trajet, son prisonnier avait fait des efforts désespérés pour s'échapper de ses mains.

EN 1873

Chargé de rechercher un ancien fédéré nommé Malatot, qui venait de faire une banqueroute frauduleuse, Gaillarde *fila* un jeune collégien de quinze ans qu'il savait entretenir des relations avec Malatot.

Très roué pour son âge, le jeune homme, qui se sentait suivi, fit faire à Gaillarde une course folle à travers Paris, soit en voiture, soit à pied. Enfin, il finit par découvrir à Clichy une maison où il avait tout lieu de croire son homme caché.

Il interrogea la concierge qui, aux premiers mots, l'enferma à double tour dans sa loge et grimpa l'escalier.

D'un coup d'épaule Gaillarde enfonça la porte et visita les locataires au nombre de douze sans rien découvrir.

Il fouilla la cave. Personne ! Il fit alors mine de se retirer, laissa l'agent Bleuze de planton dans la rue et, un quart d'heure après, se glissa dans la maison sans avoir été vu par personne. Il descendit alors à la cave sans lumière et, contrefaisant sa voix, dit à tout hasard : « Vous pouvez sortir de votre cachette, monsieur, les agents sont partis. »

« Merci, monsieur, » lui répondit Malatot en sortant de son recoin. Gaillarde lui tendit la main, le conduisit à l'escalier et le mit en état d'arrestation, malgré ses efforts désespérés pour s'enfuir.

Le Parquet avait promis une prime de mille francs pour la capture de Malatot.

Généreusement, il paya trente francs.

LE PISTOLET RÉVÉLATEUR

Au cour de la même année, le maire d'un des arrondissements de Paris, s'étant aperçu que des pièces de vingt francs contenues dans un tiroir-caisse, dit « caisse des pauvres », disparaissaient journellement, et n'ayant pu découvrir le ou les coupables, s'adressa au service de la Sûreté.

M. Gaillarde fut mis à la disposition du maire. Il entra à la mairie comme employé et fut admis comme tel par les autres employés qui ne se doutaient nullement de son véritable titre et par conséquent ne pouvaient se défier.

M. Gaillarde imagina de placer dans le tiroir-caisse un pistolet disposé de telle façon que le coup partirait au moment même où l'on ouvrirait la caisse et il attendit, penché sur son bureau, attentif à son travail.

Le troisième jour, vers 10 heures du matin, M. Gaillarde était occupé à remplir un état, l'œil au guet, l'oreille ouverte, lorsqu'une détonation se fit entendre.

D'un seul bond il fut dans le cabinet du maire où il trouva, blanc comme neige, tremblant de tous ses membres, un garçon de bureau-concierge, qui, la gorge serrée, balbutia dès qu'il l'aperçut :

— En mettant la correspondance de M. le maire sur son bureau, j'ai entendu une explosion... Ça doit venir du tiroir.

M. Gaillarde le prit alors par le bras et l'emmena au commissariat du quai de l'Horloge, pour y faire, disait-il, sa déclaration.

Aussitôt arrivé, il le fouilla et le trouva porteur d'une fausse clé. Habilement interrogé, le voleur, car c'était bien lui, fit des aveux complets.

Le garçon de bureau infidèle, qui était d'origine belge, fut condamné à huit ans de réclusion.

EN 1874

M. Jacob venait d'être nommé chef de la Sûreté, lorsqu'un marchand de chevaux de l'avenue de la Grande-Armée se plaignit d'être volé dans les mêmes conditions.

M. Gaillarde recommença le « truc » du pistolet

et, au bout de trois jours d'une active surveillance, il prit en flagrant délit de vol le concierge qu'il arrêta séance tenante. Le fameux pistolet révélateur fait aujourd'hui partie de la très curieuse collection de M. Macé qui l'a dénommé : « La terreur des concierges ».

EN 1875

La Banque de France signalait, en 1875, au service de la Sûreté, une émission de faux billets de 500 francs, à Madrid (Espagne).

Gaillarde fut chargé de découvrir les faussaires, et, à cet effet, il se rendit à Madrid, où, après d'habiles recherches, il se mit en rapport avec des individus qu'il soupçonnait d'entretenir des relations avec ceux qu'il avait mission d'arrêter.

Après trois mois de patientes investigations, Gaillarde faisait arrêter six des faussaires et rentrait à à Paris apportant avec lui les planches qui avaient servi à la fabrication des faux billets.

L'AFFAIRE FELUT

La même année Gaillarde fut encore chargé de rechercher et d'arrêter des individus qui écoulaient dans Paris de fausses pièces de cinq francs.

Une femme était déjà sous les verrous. Gaillarde se mit en campagne et découvrit bientôt un nommé

Felut, réputé très dangereux, habitant une maison au Grand-Montrouge.

Il l'arrêtait après trois jours de *filature* en flagrant délit d'émission de fausse monnaie.

Enfermé à Mazas, par ordre de M. Blancourt des Salnies, juge d'instruction, Felut, au bout de quinze jours, donnait tous les signes de la folie.

Il voyait continuellement des serpents et des fantômes dans sa cellule. Reconnu fou par les médecins, il était transféré à Sainte-Anne.

Felut était à peine depuis trois jours, dans la maison de santé, qu'il s'évadait déguisé en maçon.

A deux heures de l'après-midi, au moment où il allait franchir la porte de Sainte-Anne, le directeur, que les allures de ce maçon intriguaient, le fit interpeller par le concierge.

Felut lui répondit en pleurant qu'il venait de visiter son frère gravement malade et se retira sans être inquiété.

Une heure après l'évasion était constatée, le service de la Sûreté informé et Gaillarde se mettait de nouveau en campagne.

Après cinq jours de recherches des plus actives, l'intelligent agent découvrait un des amis de Felut et le suivait à Saint-Denis, puis à la Glacière où il entrait dans une maison et y séjournait quelques heures.

Gaillarde, caché sous une porte, attendit patiemment.

Vers sept heures du soir, trois individus parmi

lesquels se trouvait Felut sortaient de ladite maison et se dirigeaient vers les fortifications.

Que faire ?

Gaillarde était seul, Felut le connaissait. Le filer était donc impossible et d'autre part, le laisser partir c'était s'exposer peut-être à ne ne plus le retrouver jamais.

N'écoutant que son devoir et sans songer aux dangers qu'il courait, Gaillarde se précipita sur Felut et s'en empara. Se voyant pris, ce dernier s'arma d'un revolver à six coups. Gaillarde le désarma, mais alors une lutte terrible s'engagea. Les deux compagnons de Felut se jetèrent sur Gaillarde, le frappant à coups redoublés pour lui faire lâcher prise.

Enfin, deux gardiens de la paix, accoururent à son secours, et il était grand temps.

Gaillarde avait reçu cinq blessures à la tête, il dut garder le lit pendant quinze jours, mais Felut était arrêté. Ce misérable, qui avait menacé de mort le juge d'instruction, fut condamné aux travaux forcés à perpétuité.

En 1876, Gaillarde était appelé à faire partie d'une brigade de dix inspecteurs, formée par M. Jacob, et qui prenait le titre de « brigade de fer ».

EN 1877

Gaillarde fut chargé en 1877 de *filer* une femme dont les allures mystérieuses avaient attiré l'attention de la police. Pendant plusieurs jours il s'attacha à ses pas. Cette femme lui fit faire les courses les plus fantastiques qui se puissent imaginer. Elle se sentait surveillée et mettait tout en œuvre pour dépister celui qu'elle sentait derrière elle.

Gaillarde déploya toute sa science en cette occasion. Un jour, en moins de deux heures, il trouva moyen, sans perdre la femme mystérieuse de vue un seul instant, de changer trois ou quatre fois de costume et put, grâce à ce subterfuge, continuer sa *filature*. Enfin, on apprit que la personne surveillée appartenait à une excellente famille, qu'elle était mariée et l'on acquit la certitude que ses allées et venues, toutes singulières qu'elles aient pu paraître, n'étaient que le résultat d'une manie.

EN 1879

Gaillarde venait d'être nommé sous-brigadier. Il fut chargé de procéder à l'arrestation d'un jeune homme de dix-sept ans qui maltraitait sa mère, riche rentière du quartier des Batignolles, et qui se trouvait sous le coup d'une ordonnance le condamnant à être enfermé à la colonie pénitentiaire de Mettray.

Il se rendit chez la mère de ce jeune homme et dut attendre jusqu'à sept heures du soir la rentrée de ce fils dénaturé auquel il fit connaître la mission dont il était chargé.

Sans rien perdre de son calme, le jeune homme

embrassa sa mère puis, d'un brusque mouvement, il se jeta sur Gaillarde et le frappa d'un coup de couteau à la tête. Fort heureusement le nouveau sous-brigadier ne fut que légèrement atteint. Il se rendit maître de ce jeune forcené et l'accompagna jusqu'à Mettray.

Au mois d'avril de l'année 1879, M. Macé était nommé chef de la police de Sûreté.

EN 1881

Un garçon de banque, nommé Laboure, avait été attaqué la nuit, blessé grièvement d'un coup de revolver, puis dévalisé.

Gaillarde, aidé de l'agent Saint-Hillier, fut chargé de rechercher les auteurs de cette audacieuse agression. Il sut bien vite que le coupable était un déserteur, âgé de vingt-trois ans, nommé Gauthier. Ayant découvert l'adresse de la maîtresse de Gauthier, Gaillarde la *fila*, et un matin, à 7 heures, il arrêta le coupable au moment où, accompagné de plusieurs individus, il sortait d'un débit de vins du boulevard de Port-Royal.

Gauthier, qui était armé d'un revolver dont il ne put faire usage, opposa une résistance désespérée, mais force resta aux agents.

Gaillarde fut nommé brigadier le 16 décembre de l'année 1881.

LE CRIME DE LA RUE LABAT

En 1882, une dame Galsterere était trouvée étranglée dans son domicile, rue Labat. Tout ce qu'elle possédait avait été volé.

Gaillarde se mit alors en campagne et tout d'abord ne put recueillir aucun renseignement de nature à guider ses recherches.

Les auteurs de ce crime semblaient donc devoir rester inconnus. Gaillarde cependant continua son enquête et à force de patience et d'habileté finit par apprendre qu'un individu très connu dans le quartier avait été aperçu au moment où le crime avait été commis, aux abords de la maison, habillé en soldat.

Cet individu faisait partie d'une bande de six malfaiteurs redoutés. Muni de ces premiers renseignements, Gaillarde continua son enquête et deux jours après il arrêtait un nommé Jeanjean, qui était porteur d'une montre en argent ayant appartenu à la victime et qu'il prétendait avoir trouvée sur le boulevard Ornano.

Gaillarde ne tarda pas à savoir qu'un des membres de la bande des six, nommé Grosjean, avait quitté Paris et s'était rendu à la Chapelle-au-Pot, près de Beauvais, pour travailler dans une fabrique de poterie.

Accompagné des agents Bleuze et Bourlet, Gaillarde se mit en route. En sortant de la gare il fut accosté par un individu qui lui demanda du feu et qu'il crut reconnaître à ses allures de souteneur parisien pour celui-là même qu'il recherchait. Toutefois il ne fit semblant de rien et continua sa route, tout en observant son homme.

Gaillarde, toujours accompagné de Bleuze et Bourlet, passa la nuit à la Chapelle-au-Pot et se mit en route dès la pointe du jour pour gagner la fabrique située dans un village voisin, où il pénétra seul en affectant de boiter.

Il entra dans diverses maisons, se faisant passer pour un marchand de toiles, et fit ses offres de service, tout en surveillant ce qui se passait autour de lui. Au moment où il sortait d'un bureau de tabac, toujours boitant, l'homme auquel il avait donné du feu la veille sur la route y entrait et en ressortait presque aussitôt pour se rendre dans un café situé à l'extrémité du village.

Gaillarde, sans perdre de temps, courut chercher les deux agents qu'il avait laissés à l'entrée du village et tous trois se rendirent au café où Grosjean, car c'était bien lui, se trouvait en compagnie d'un soldat. Gaillarde sans hésiter se dirigea vers lui et le mit en état d'arrestation. Le misérable fut si surpris qu'il ne fit pas même un mouvement pour se lever. Quant au soldat il devint pâle comme un mort.

Deux heures après, tenant de près leur prisonnier, Gaillarde, Bleuze et Bourlet repartaient pour Paris. Grosjean avait parlé et il avait désigné un nommé Lipp, dit « le Frappeur », comme étant l'auteur de l'assassinat commis sur la personne de Mme Galsterere.

Gaillarde, à peine arrivé, se remit en campagne et parvint à découvrir, rue Curial, à La Chapelle, le père de Lipp, qui déclara que, depuis trois mois, il n'avait pas vu son fils.

Très défiant, Gaillarde continua sa surveillance. Le lendemain matin, il pénétrait dans le logement du père Lipp, sans faire aucun bruit, et trouvait l'assassin dans son lit, dormant à poings fermés. Il se retira sur la pointe des pieds, courut chercher l'agent Charpentier qui l'attendait dans la rue et pénétra de nouveau avec lui dans le logement.

Un instant après Lipp, réveillé en sursaut, faisait un bond hors de son lit et tombait entre les bras de Gaillarde qui l'arrêtait et l'emmenait aussitôt.

Lipp, qui depuis six jours n'avait pas dormi, n'osant se réfugier nulle part, était venu chez son père qu'il n'avait en effet pas vu depuis trois mois, pour prendre un peu de repos.

Peu de temps après Gaillarde, qui avait continué ses recherches, arrêtait les trois autres complices, Cottin, Louvens et Revilliers.

Trois de ces misérables furent condamnés à mort, les trois autres aux travaux forcés à perpétuité.

L'AFFAIRE DELEUL

La même année, Mme Deleul, loueuse de voitures à Saint-Ouen, était assassinée par son garçon d'écurie, nommé Meertz, qui, son crime accompli, avait pris la fuite après avoir volé sa victime. Gaillarde ayant appris que Meertz s'était dirigé sur Rouen, se mit en route aussitôt. Il ne fut pas long à trouver les traces de l'assassin qui déjà s'était dirigé vers le Havre, toujours à pied. Gaillarde télégraphia à la gendarmerie et continua sa poursuite. Après deux jours de marche il rejoignait Meertz, l'arrêtait et le ramenait aussitôt à Paris.

LES BIJOUX DE LA COMTESSE BRANISKA

Toujours en 1882, Mme la comtesse Braniska prenait le train express de huit heures du soir, à la gare du Nord, accompagnée de quatre domestiques, pour se rendre à Francfort (Allemagne). A peine arrivée, elle s'aperçut qu'un coffret contenant pour quatre cent mille francs de bijoux avait disparu du wagon-lit où il se trouvait avec d'autres bagages.

Le conducteur et le serre-freins furent tout d'abord arrêtés.

Gaillarde se rendit à Charleroi et à Liège, et déclara, après enquête, que le vol avait dû être commis pendant que le train était en marche, entre la frontière française et Charleroi.

A force de chercher, il retrouva dans un vieux four à chaux près de Charleroi des débris d'or provenant des bijoux de la comtesse.

Il continua activement son enquête, établit l'innocence des deux employés du chemin de fer du Nord, qui furent remis en liberté sur l'ordre de M. Guillot, juge d'instruction.

Gaillarde revint alors à Paris, sans avoir pu trouver trace des voleurs. Or, deux mois après, il sut que des bijoux provenant du vol avaient été vendus à Paris. Il se remit en campagne et finit par apprendre que les bijoux en question avaient été vendus par un nommé Beaudoin, sujet belge, qui, peu de temps après, avait acheté des meubles, et se les était fait adresser par grande vitesse à Charleville.

Muni d'une photographie de Beaudouin, qui s'était fait représenter avec son chien, Gaillarde partit pour Charleville.

Les meubles avaient été expédiés, toujours par grande vitesse, à Saint-Quentin, et livrés à un camionneur qui put bien indiquer la rue où il en avait, quatre jours auparavant, effectué la livraison, mais pas le numéro, dont il ne se souvenait plus.

Gaillarde inspecta la rue, et ayant remarqué de légers débris de paille devant le n° 20, il se mit en faction.

Le lendemain, un chien en tout semblable à celui du portrait sortait de la maison surveillée par Gaillarde, qui le suivit et parvint, en le flattant, à s'approcher de lui. Le collier ne portait aucun nom. Peu après, l'animal regagnait son logis. Dans la soirée, Gaillarde s'approcha des fenêtres du rez-de-chaussée où brillait une lumière et reconnut Beaudouin dans l'une des pièces du logement. Il se rendit à la gare, télégraphia à M. Macé, qui arrivait le lendemain, accompagné de M. Tenaille, ancien commissaire de police, et de l'agent Bleuze.

Comme on savait que Beaudouin était armé jusqu'aux dents, et qu'il était réputé dangereux, Bleuze déguisé en facteur de la gare se rendit chez lui et lui remit une lettre le convoquant à la gare, pour une réclamation quelconque. Sans défiance, Beaudouin filé par Gaillarde se rendit à cette convocation. L'habile inspecteur s'offrit à le conduire au bureau des réclamations et le mena dans une pièce où M. Macé l'attendait.

— Vous avez oublié un colis à Paris, lui dit ce magistrat, et en même temps il lui présenta une boîte contenant les bracelets provenant du vol, et qu'il avait vendus.

Beaudouin se troubla, mais déclara qu'il ne connaissait pas ces bijoux. On s'empara de lui et on le fouilla.

Il était porteur de 600 francs en billets de banque. On se mit alors en route pour la gendarmerie.

En route Beaudoin donna un croc-en-jambe à Gaillarde et à Bleuze, les fit tomber et s'enfuit.

M. Macé voulut se jeter au devant de lui mais les chiens de Beaudouin — il en avait trois — se jetèrent dans ses jambes et le firent tomber. M. Macé se releva le genou fendu, perdant son sang en abondance.

Gaillarde et Bleuze se jetèrent à la poursuite du fugitif qui s'était dirigé dans la campagne. Ce fut une course homérique.

Beaudouin se jeta dans un canal, le traversa à la nage et se réfugia dans un bois.

Grâce à un marinier, les agents traversèrent en bateau et retrouvèrent bien vite les traces encore humides de leur prisonnier.

Après une heure de recherches, ils retrouvaient Beaudouin, affaissé au pied d'un arbre, grelottant de froid, absolument rendu.

Ils s'en saisirent, aidés des bateliers de Saint-Quentin, et le ramenèrent à la prison de la ville où il fut écroué. Presque tous les bijoux volés à la comtesse Braniska furent retrouvés à son domicile.

Beaudouin, qui était un repris de justice belge et qui s'était évadé de prison trois fois déjà, fut ramené à Paris, mais sur la demande du gouvernement belge il fut extradé.

Ce hardi malfaiteur avait bien, ainsi que Gaillarde l'avait affirmé dès le début, commis son vol pendant que le train était en marche.

Entre Charleroi et la frontière, il s'était dirigé vers le wagon occupé par la comtesse Braniska et avait enlevé la valise par la fenêtre du compartiment.

Cette affaire valut à Gaillarde de vives félicitations et il les avait bien méritées.

FAUX BILLETS DE BANQUE EN FRANCE ET EN ESPAGNE

Au cours de l'année 1883, la Banque de France était avisée que des faux billets de banque de 50 francs étaient mis en circulation à Marseille, Montpellier, Narbonne et Barcelone. Gaillarde se rendit dans ces différentes villes accompagné des inspecteurs Melin et Bleuze.

Il arrêta non seulement les faussaires, mais encore un certain nombre d'individus qui fabriquaient à Barcelone des pièces de 20 francs et les mettaient en circulation.

A Valence, où il se rendit ensuite, il découvrit une fabrique de faux billets de la Banque espagnole et arrêta les coupables qu'il remit entre les mains de la justice espagnole.

Gaillarde eut encore à s'occuper de différentes affaires du même genre, notamment des affaires Barreau, Lemir et Gooris et les réussit toutes avec un rare bonheur.

LA « MANA NEGRA »

Une révolution éclatait en 1884 en Andalousie, dans les provinces de Jerez, Seville et Cadix.

Des ouvriers, des journaliers cultivateurs ou laboureurs, avaient formé une bande appelée la « Mana Negra » qui ravageait le pays, assassinait les gros fermiers et mettait le feu à toutes les fermes de la contrée.

Gaillarde fut chargé de suivre la marche des événements.

Pendant un mois, il parcourut toutes les provinces, mises à sac, en se faisant passer pour le correspondant d'un journal des Pyrénées. Il parvint à se mettre en rapport avec les insurgés et courut de très réels dangers, risquant à chaque instant d'être démasqué. Il revint en France muni de tous les renseignements qu'il avait pour mission de procurer au gouvernement français et fut très vivement félicité par ses chefs du succès de sa périlleuse opération.

Il me reste maintenant à revendiquer le rôle joué par M. Gaillarde, dans les affaires Mielle, du Val-d'Andorre, de la rue d'Angoulême, de la rue de Sèze et Laplaige, et j'aurai suffisamment démontré, je crois, la valeur d'un agent tel que l'inspecteur principal Gaillarde.

EN 1884. — LE CRIME DE LA RUE DE LYON AFFAIRE MIELLE.

En 1884, M. Kuehn, qui venait d'être nommé chef de la Sûreté, recevait une lettre anonyme lui signalant que des cris « Au secours ! A l'assassin ! » avaient été entendus rue de Lyon, numéro 23, le 28 avril, vers 5 heures du soir.

UNE ENQUÊTE BIEN MENÉE

Gaillarde, chargé de faire une enquête à ce sujet, s'adressa tout d'abord à la concierge, qui lui déclara qu'en effet une bataille avait eu lieu au premier étage de la maison, qu'elle était montée aussitôt chez le locataire nommé Mielle, mais que ce dernier, sans ouvrir, lui avait répondu : « Ce n'est rien, madame, retournez dans votre loge. »

« Dix minutes après, ajouta-t-elle, Mielle descendit tout en sueur, en bras de chemise. Il m'expliqua qu'il venait de se battre avec un de ses amis, que la paix était faite, et il alla chercher un litre de vin et des biscuits. »

Un gardien de la paix, qu'on était allé prévenir, reçut la même réponse et se retira satisfait.

Mielle était garçon de café, il était marié et avait deux enfants. Sa femme travaillait à la manufacture de tabacs de Bercy et ne rentrait que fort tard le soir. Ils occupaient un appartement dont ils sous-louaient deux pièces.

Gaillarde, muni de ces renseignements, entra dans un café voisin où Mielle se trouvait et lui demanda des explications sur la scène du 28 avril. La même réponse lui fut faite par Mielle qui prétendit que son ami s'appelait Jules, qu'il était garçon de café comme lui, mais qu'il ignorait son adresse et l'endroit où il travaillait.

Gaillarde, mis en éveil par l'air embarrassé de Mielle, revint trouver la concierge de la rue de Lyon, et finit par apprendre que le lendemain de la bataille en question, Mielle était sorti vers 10 heures du matin accompagné d'un homme en blouse portant une malle sur sa tête.

Gaillarde tenta alors de retrouver Mielle, mais ce dernier avait quitté le café. Le lendemain on le vit dans le quartier une valise à la main, puis il disparut. Sa femme, interrogée par Gaillarde, déclara qu'il n'était pas rentré chez lui et se plaignit amèrement des mauvaises fréquentations de son mari qu'elle accusa d'ailleurs d'un vice honteux.

Gaillarde interrogea tous les commissionnaires du quartier et finit par découvrir, à la gare de Lyon, celui qui avait transporté la malle qui l'inquiétait si fort.

Ce commissionnaire déclara, en effet, qu'il avait été requis par Mielle, pour transporter une malle qu'il prétendait contenir des objets fragiles, de la rue de Lyon n° 23 à la rue Jules-César, dans un hôtel du même nom, et qu'il avait monté son fardeau au premier étage, chambre n° 2.

Arrivé là, ajouta le brave homme, « mon client m'envoya l'attendre chez un marchand de vins, puis il revint me chercher avec la malle vide et me fit faire un second voyage.

» Mais, rue de Lyon, il m'envoya chercher une corde et, pendant ce temps, remplit la malle dont j'ignore absolument le contenu. »

Gaillarde, sans perdre de temps, courut à l'hôtel Jules César. On lui déclara que la Chambre n° 2 avait été occupée pendant trois jours par un M. Jules Martin — dont le signalement était exactement celui de Mielle — qui n'y avait couché que deux nuits et s'en était allé après avoir payé ce qu'il devait.

DÉBRIS HUMAINS

Or, quelques jours après, on retirait de la Seine deux tronçons d'homme, la partie supérieure du corps était repêchée à Passy, la partie inférieure au pont d'Austerlitz. Gaillarde courut à la Morgue et y trouva les débris humains. Le corps avait été coupé à hauteur des hanches puis à la hauteur des chevilles.

GAILLARDE ET LES MÉDECINS LÉGISTES

Les médecins ayant déclaré que ce corps avait dû être ainsi coupé par l'hélice d'un bateau à vapeur ou par une chaîne de touage, l'inhumation allait avoir lieu. Aucune trace de vêtement n'avait été trouvée sur le corps absolument nu.

Gaillarde ne fut pas de l'avis des médecins, il fit surseoir à l'inhumation et prévint aussitôt M. Kuehn et le procureur de la République de ses soupçons. Ces magistrats lui donnèrent carte blanche. Pour lui, ce cadavre n'était pas étranger au drame de la rue de Lyon, qu'il pressentait avec son flair merveilleux. On verra qu'il ne s'était pas trompé.

Une seconde et une troisième autopsies furent faites et les médecins conclurent, comme la première fois, à la section du corps par une hélice.

Cependant le mot *crime* prononcé devant eux leur fit ouvrir les yeux ; ils examinèrent de nouveau les débris humains et constatèrent des coups de scie aux jambes et aux reins.

Gaillarde triomphait.

Il se remit en campagne, et se fit indiquer tous les amis de Mielle, courut tous les lieux fréquentés par les pédérastes, dont l'assassin, car il ne doutait plus que c'en fut un, faisait sa société habituelle, mais en vain.

LEBON

Il y avait quinze jours que Gaillarde courait ainsi jour et nuit, prenant à peine le temps de se reposer, lorsqu'il apprit que Mielle avait un ami intime nommé Lebon, demeurant rue des Juifs, sans indication de numéro, chez lequel il pourrait bien s'être caché !

Il visita la rue des Juifs maison par maison et, finalement, au n° 11, la concierge lui déclara qu'elle s'appelait Lebon et qu'elle avait de plus un locataire du même nom.

Gaillarde alors lui déclina sa qualité. La concierge parut radieuse et lui demanda s'il n'était pas chargé de rechercher M. Lebon, disparu depuis environ deux mois.

— Non, répondit l'habile agent, c'est son ami que je cherche, un nommé Henri.

— Vous ignorez donc, repartit la concierge, que depuis le 28 avril, M. Lebon n'a plus reparu ?

Gaillarde se fit donner le signalement détaillé de M. Lebon. C'était absolument celui du cadavre repêché dans la Seine.

— Lebon, dit la concierge, est marchand de volailles ; le 23 avril, il est sorti vers deux heures, emmenant son chien, avec un individu qui était venu chez lui la veille et l'avant-veille.

Le signalement du compagnon de Lebon était absolument celui de Mielle.

Quinze jours après, la concierge s'étant aperçue que le chien de M. Lebon était enfermé dans l'appartement, prévint le commissaire de police qui fit ouvrir la porte.

Le chien poussait des hurlements sinistres ; cependant, comme on trouva par terre, près de lui, de la viande fraîche, on referma la porte pensant que son maître ne pouvait être loin.

Depuis, Lebon n'ayant pas reparu et son chien faisant un tapage infernal, un serrurier avait été requis pour ouvrir l'appartement et délivrer la pauvre bête.

LA VICTIME INCONNUE

Gaillarde emmena la concierge à la Morgue et la mit en présence du cadavre qu'elle reconnut formellement, notamment aux ongles qu'il avait très longs, pour celui de son locataire. Des amis de Lebon, convoqués à la Morgue, le reconnurent également.

Le mystère était donc éclairci ; Gaillarde, envers et contre tous, avait eu raison d'insister.

Grâce à lui un horrible crime ne resterait pas impuni.

Il ne s'agissait plus maintenant que de retrouver Mielle ; Gaillarde se rendit à Chaumont (Haute-Marne), pays natal de Mielle, et revint à Paris sans avoir pu trouver sa trace.

Enfin, le signalement du misérable ayant été adressé à toutes les gendarmeries de province, une dépêche de Bar-sur-Aube annonça l'arrestation d'un individu répondant au signalement fourni et qui se refusait à donner son nom.

Cet individu, au moment où on l'arrêtait, avait tenté de s'évader en se jetant dans l'Aube, d'où il avait été bien vite repêché.

L'ASSASSIN

M. Kuehn, accompagné de Gaillarde, se rendit à Bar-sur-Aube et interrogea le prisonnier.

Gaillarde remportait une éclatante victoire. Mielle, c'était bien lui, était encore en possession de la montre de sa victime.

Aussitôt ramené à Paris, le misérable fut mis en présence du cadavre de Lebon, qu'il ne fit aucune difficulté pour reconnaître, mais il se défendit énergiquement et jusqu'au bout, contre toute évidence, d'être l'assassin.

Il fut condamné à la peine de mort, commuée en celle des travaux forcés à perpétuité.

Le crime avait eu lieu exactement ainsi que Gaillarde l'avait reconstitué. Mielle et Lebon étaient deux pédérastes avérés. Lebon, célibataire, passait pour avoir une certaine petite fortune, dont Mielle, son crime accompli, comptait bien s'emparer.

J'ai dit que le crime avait été commis le 28 avril.

Pendant toute la nuit, Mielle avait pu cacher le cadavre aux regards de sa femme.

Le lendemain, il l'avait fait transporter à l'hôtel Jules-César, et de là, s'aidant de la corde qui ficelait la malle, il avait descendu en deux fois les débris humains dans la rue, par la fenêtre de la chambre qu'il avait louée au premier étage et les avait jetés lui-même dans la Seine.

Cette affaire, conduite entièrement par Gaillarde, auquel en revient tout l'honneur, lui a toujours valu, depuis, d'être religieusement écouté par le Parquet et surtout par les médecins légistes.

AU VAL-D'ANDORRE

En 1885, des coups de feu étaient échangés dans la petite République du Val-d'Andorre, entre les partisans de l'évêque de la Séo-d'Urgel et les libéraux, qui voulaient absolument établir un casino dans le pays et y faire tracer des routes.

Les gouvernement français et espagnol, intéressés tous deux dans cette affaire, avaient envoyé chacun un délégué à la Séo-d'Urgel (Espagne, frontières d'Andorre) pour arranger cette affaire. Sur la demande du ministre de l'intérieur, un agent de la Sûreté fut mis à la disposition du délégué du gouvernement français.

Gaillarde, choisi parmi tous les agents, se rendit à Puycerda (Espagne), et gagna la Séo-d'Urgel à dos de mulet.

Le délégué français lui donna aussitôt ses intructions qui consistaient à visiter tous les village d'Andorre et à se rendre un compte exact de l'état des esprits, d'ailleurs fort surexcités.

Gaillarde qui, tous les trois jours, devait trouver moyen de rendre compte de sa mission, se mit en marche, ce qui n'était pas facile si l'on se rend compte qu'il n'existait aucun chemin tracé. Il descendit dans le seul hôtel de la vieille ville d'Andorre, se fit passer pour le correspondant du journal le *Roussillonnais*, et se fit raconter exactement ce qui s'était passé.

Parlant très couramment le catalan, Gaillarde se mit en rapport avec l'officier et les dix hommes qui formaient toute la garnison d'Andorre.

Cet officier, pour tout signe distinctif, portait un képi; quant aux hommes, chacun portait un costume différent.

Après avoir une première fois rendu compte de ses démarches au délégué, Gaillarde visita les six villages de la République d'Andorre et courut de très réels dangers.

En effet, des soupçons étaient nés, il dut les dissiper. Si Gaillarde avait été démasqué, sans nul doute on l'aurait précipité dans un des nombreux précipices du pays et nul n'aurait su ce qu'il était devenu.

Sa mission terminée, Gaillarde revint à Paris et fut très vivement félicité par le ministre de l'Intérieur et par ses chefs directs, pour le tact avec lequel il avait agi en cette affaire.

LES FAUX COUPONS DU TRÉSOR

Le ministère des Finances signalait à la fin de l'année 1884 une émission de faux coupons du Trésor, à Paris et en province. Gaillarde se rendit à Nantes pour rechercher un individu qui se faisait appeler Tartuffe et qu'on soupçonnait être l'un des coupables.

Il arrêta cet individu nommé Caulière et non Tartuffe et le ramena à Paris, où il continua ses recherches. Il apprit au bout de peu de temps que les amis de Caulière habitaient Clichy. Deux d'entre eux, Laplanche et Aubertin, avaient déménagé et s'étaient rendus à Courbevoie d'où ils étaient partis sans laisser de traces.

Gaillarde remua ciel et terre et sut enfin que Laplanche s'était fait adresser ses meubles à Beauvais.

Il se rendit dans cette ville, et après deux jours de recherches découvrit Laplanche dans un vieux moulin situé à deux heures de Beauvais. Accompagné de quatre gendarmes, il cerna le moulin et procéda à l'arrestation de Laplanche, de sa maîtresse et d'Aubertin.

Le ministre des Finances adressa une lettre officielle de félicitations à Gaillarde et lui fit remettre une gratification.

LE CRIME DE LA RUE D'ANGOULÊME

En 1885, Gaillarde, nommé inspecteur principal, fut chargé de rechercher les assassins de M. Delaunay, marchand de malles, rue d'Angoulême, qui avait été trouvé dans son magasin la tête fracassée et le cou fixé au plancher par un fort couteau. Tout avait été volé chez lui.

Delaunay vivait seul et personne n'avait pu fournir le moindre renseignement sur ce meurtre audacieux.

Accompagné des agents Demongeot et Obermeyer, Gaillarde se mit en campagne.

Ses soupçons se portèrent sur un jeune homme connu sous le sobriquet de *Juif*, qui avait travaillé chez Delaunay. Depuis le crime, ce jeune homme s'était acheté un vêtement et on lui avait vu pas mal d'argent entre les mains.

Sous prétexte qu'il avait vendu des billets à la porte du cirque d'Hiver, Gaillarde et ses deux agents l'arrêtèrent un soir à neuf heures.

Il déclara se nommer Meyer et protesta hautement contre son arrestation. Gaillarde eut beau l'interroger au sujet de Delaunay, il affirma qu'il ne le connaissait pas.

Cependant ayant appris que Meyer fréquentait un jeune homme appelé Paul Gaspard, Gaillarde se rendit chez les parents de ce dernier, dans le quartier de Charonne. Paul Gaspard ne couchait pas régulièrement chez ses parents. Un matin, vers sept heures et demie, Gaillarde se présenta chez les époux Gaspard, après avoir laissé Demongeot et Obermeyer chez un marchand de vins du voisinage. Le jeune Paul était couché, il se leva aussitôt et demanda ce qu'on lui voulait.

— Un de vos amis a été arrêté hier soir à la suite d'une rixe, répondit Gaillarde, il avait cassé une table, que d'ailleurs il a payée, mais on ne peut le remettre en liberté que lorsqu'il aura été réclamé. Or, il vous a désigné et mon chef vous prie de venir le reconnaître.

Paul Gaspard, sans défiance, s'habilla et suivit Gaillarde, qui, pour détourner ses soupçons, l'emmena tout d'abord chez le marchand de vins, où se trouvaient ses deux agents, boire un verre de vin blanc.

Mis en présence de M. Kuehn, qui lui dit, sans autre préambule : Vous êtes l'assassin de Delaunay, Paul Gaspard se retourna vers Gaillarde, lui fit de vifs reproches de l'avoir trompé, et finalement se déclara joué. Meyer, habilement interrogé, déclara que c'était lui qui avait indiqué Delaunay à Gaspard qui l'avait assassiné.

Ce dernier se voyant trahi fit des aveux complets. Les deux jeunes misérables furent condamnés à la peine de mort, mais Gaspard seul fut exécuté.

LE CRIME DE LA RUE DE SÈZE

On se souvient encore du crime de la rue de Sèze, dont le retentissement fut considérable.

Madame Cornet, riche héritière, dont le mari habitant l'étranger avait annoncé son retour prochain, était trouvée la gorge ouverte, dans sa chambre à coucher, un matin de l'année 1885.

Un valet de chambre, nommé Martin, entré à son service l'avant-veille, n'avait plus reparu depuis la découverte du crime.

Gaillarde fut chargé de le rechercher.

Après avoir découvert le bureau de placement qui l'avait adressé à madame Cornet, la malheureuse victime, et le domicile où pendant deux nuits il avait couché, Gaillarde ayant appris que l'assassin — car il était certain que Martin était le coupable — avait acheté un habit chez un revendeur, pour entrer en service, se mit à la recherche de ce dernier.

Il le découvrit faubourg Saint-Honoré et obtint de lui quelques renseignements. Cet homme, dit le revendeur, doit s'appeler Blin ou tout au moins il vit avec une femme de ce nom qui habite le quartier.

Gaillarde, qui depuis déjà quelque temps recherchait divers individus, en présenta les photographies à la femme du revendeur qui reconnut Blin dans le portrait de Marchandon, un des individus recherchés.

La même photographie fut alors présentée à toutes les personnes qui avaient connu Martin et toutes affirmèrent que le portrait de Marchandon était bien celui de Martin.

Le doute n'était plus permis. Gaillarde rechercha la fille Blin et apprit qu'elle habitait, à Compiègne, une maison située près d'un bois. Il y accompagna M. Kuehn et l'inspecteur Moser, et acquit la certitude que Marchandon habitait bien avec sa maîtresse, Jeanne Blin, la maison indiquée.

A six heures du soir, après s'être entendu avec les autorités du pays, les magistrats venus de Paris se présentèrent chez Marchandon au moment où il venait de se mettre à table.

Marchandon se réfugia de la cuisine où il était dans la salle à manger et s'arma d'un revolver.

Gaillarde se jeta sur lui et le désarma. Le misérable essaya bien de nier son crime, mais devant les preuves indiscutables qu'on lui mit devant les yeux, il baissa la tête et cessa de se défendre.

L'affaire suivit son cours et Marchandon expia son crime place de la Roquette.

ENCORE QUELQUES MOTS

En 1886, M. Taylor prit la direction de la Sûreté.

Dans le courant de cette année et l'année 1887, plusieurs crimes furent commis à Paris dont Gaillarde eut à s'occuper.

Il fut plus spécialement chargé de l'enquête relative

à l'assassinat du marchand de vins de la rue Beaubourg et procéda à l'arrestation d'un individu qui après deux mois de prévention, bénéficia d'une ordonnance de non-lieu. Si j'ai indiqué cette affaire dont les résultats furent ceux que je viens de dire, c'est que peut-être un jour j'y reviendrai.

Pour le moment, je constaterai simplement que tout donne à penser que l'assassin s'est trouvé au nombre des individus mis entre les mains de la justice par Gaillarde, et que seul le défaut de preuves matérielles n'a pas permis de le poursuivre.

En dehors des affaires dont Gaillarde s'est occupé, et dont j'ai brièvement cité quelques-unes des plus importantes, il convient d'ajouter que cet agent des plus actifs a maintes fois visité l'Angleterre, l'Autriche, la Belgique, la Suisse et l'Espagne, qu'il s'est rendu fréquemment en province notamment à Lille, Maubeuge, Le Havre, Bordeaux, Nantes, Poitiers, Niort, Mont-de-Marsan, Toulouse, Marseille, Chaumont, Perpignan, etc., etc.

Enfin, de 1876 à 1888, Gaillarde a fait partie de la brigade spéciale et aujourd'hui il dirige avec beaucoup d'autorité l'important service de la voie publique.

Ne vient-il pas, en moins de quatre jours, d'opérer l'arrestation de quatre malfaiteurs qui avaient dérobé et dépensé en huit jours 35,000 fr., volés chez M. Vidal, marchand de chevaux, rue Louis-Blanc.

Je n'ajouterai rien à l'énumération des services rendus par Gaillarde à la société, les faits, je l'ai dit, parlent d'eux-mêmes, et tous applaudiront, j'en suis certain, le jour où le moindre ruban tricolore viendra récompenser celui dont la vie a été toute de périls, de dévouement et d'honneur.

L'INSPECTEUR PRINCIPAL JAUME

AU PHYSIQUE ET AU MORAL

De taille moyenne et d'une certaine corpulence, l'œil vif, la face ronde et réjouie, l'air d'un bon bourgeois satisfait d'être au monde, n'ayant rien à se reprocher et pour lequel la vie est exempte de tout souci : tel est au physique l'inspecteur principal Jaume que tout le monde connaît aujourd'hui.

D'une finesse, d'une sûreté de jugement incroyable, possédant à fond et aimant par-dessus tout son métier, Jaume ne doute jamais ni de lui, ni du succès des affaires qui lui sont confiées, et dont il s'acquitte à merveille. On peut le charger de n'importe quelle enquête, l'envoyer chercher à n'importe quelle heure, le réveiller alors même qu'il a le plus besoin de repos, il est prêt. Le prévient-on à 9 heures qu'il doit partir en voyage à 10 heures : « C'est bien » dit-il, et vite, vite, la valise est bouclée et Jaume est en route.

— Mais, lui fait-on remarquer, vous n'avez aucun

renseignement, aucune preuve, aucun indice, comment ferez-vous ?

— C'est un assassinat, répond Jaume, il a été commis de telle façon, à tel endroit, dans telles circonstances, c'est bien, je trouverai. — Et il trouve. Il va droit au but, sans hésitation, sûr de lui, ne craignant rien, car sous ses apparences tranquilles c'est un brave qui n'a jamais connu qu'une peur, celle de ne pas arriver assez tôt.

Intrépide devant le danger qu'il brave avec une réelle insouciance, Jaume, son service terminé, occupe ses loisirs à écrire.

Il compose, pour lui seul, des pièces de théâtre pleines d'idées ingénieuses et fort bien charpentées, ma foi.

C'est, d'ailleurs, un fanatique du théâtre; la Comédie-Française, notamment, est son spectacle de prédilection.

Quand il n'est pas de service et qu'on a besoin de lui, on est sûr de le trouver dans la maison de Molière. Sans hésitation, comme sans regret, il abandonne alors son fauteuil, et ne se souvient plus que d'une chose : c'est que ses chefs ont besoin de lui et qu'il se doit tout à eux, tout à son service.

On ne peut pas se faire une idée des sympathies que Jaume a su s'attirer. Tous ceux avec lesquels il s'est trouvé en relations sont restés ses amis. De gros banquiers, des personnages en vue, des négociants à la requête desquels Jaume avait été chargé de rechercher des voleurs, des faussaires, des employés infidèles, sont restés en correspondance avec lui, et ne descendent jamais à Paris sans venir lui serrer la main. Jaume ne se montre pas autrement fier de ses relations ; il en est heureux certainement mais il reste le bon, l'excellent garçon que ses camarades aiment tous et que ses chefs estiment beaucoup.

Les juges d'instruction le prisent très fort. M. Guillot lui a dans plusieurs circonstances adressé les éloges les plus flatteurs au sujet de certaines affaires admirablement conduites et dont je parlerai par la suite.

En un mot, Jaume est un des meilleurs agents de la Sûreté et c'est fort justement que relatant la distinction dont il vient d'être tout récemment l'objet et dont je reparlerai en son temps, un de mes confrères lui attribuait cette qualification : « Un ténor » de la police de Sûreté. M. le préfet de police le tient en grande estime et M. Goron a en lui une confiance des plus justifiées.

JAUME ENFANT DE TROUPE

Paul-Fortuné Jaume est né à Paris, le 21 mai 1846. Il a fait en qualité d'enfant de troupe au 46e régiment de ligne les garnisons de Strasbourg, Avesnes et Mézières, puis il est entré dans l'industrie.

Pendant la guerre franco-allemande, Jaume a fait le siège de Paris. Il est sorti de l'armée, la campagne terminée, avec le grade de sergent-major.

Le 4 juin 1873, Jaume était admis à faire partie de la police de Sûreté en qualité d'inspecteur de quatrième classe, aux appointements de douze cents francs.

Il débutait à la section des renseignements et déjà se faisait remarquer par son tact.

Le 1er janvier 1876 il était nommé de troisième classe puis, trois ans plus tard, en 1879, de deuxième classe.

Après un stage de six mois à la section du service central et à la brigade chargée des extractions, il était admis à faire partie de la brigade de la voie publique.

Après un court séjour à la brigade des mœurs, Jaume passait à la brigade spéciale, qu'il n'a pas quittée depuis.

Le 20 décembre 1881, à la suite d'une brillante affaire, il était promu inspecteur de 1re classe.

Il passait sous-brigadier en 1883, brigadier en 1885, et enfin inspecteur-principal en 1888 aux appointements de 2,500 fr.

Eh! mon Dieu, oui, 2,500 fr., pas un sou de plus, pas un de moins. Et c'est pour ce traitement modeste que ces braves gens risquent journellement leur vie, donnent tout leur temps, toute leur intelligence, tout leur dévouement à leurs concitoyens.

C'est pour 2,500 fr., — et remarquez bien que Jaume est inspecteur principal, — que la société est protégée, défendue par la petite armée d'élite de la Sûreté.

Un inspecteur débute à 1,200 francs et quand il obtient son bâton de maréchal, c'est-à-dire quand il est nommé inspecteur principal, il gagne 2,500 francs, moyennant quoi il ne s'appartient plus, doit toujours être sur la brèche, affronter les intempéries des saisons, braver le danger et s'emparer des criminels sans craindre les coups de couteau qui ne lui sont pas ménagés.

Or, les agents de la Sûreté sont mariés et pères de famille, pour le plus grand nombre.

Et dire qu'il se trouve encore des gens pour en parler avec mépris. Puissent ces quelques notes aider à réparer cette injustice et réhabiliter ceux qui ne devraient pas avoir besoin de l'être et qui ont droit à l'estime de tous les gens de bien !

J'aborderai maintenant le récit des principales affaires dans lesquelles Jaume s'est distingué, avec le regret de ne pouvoir les citer toutes et de ne pouvoir non plus m'étendre comme je l'aurais voulu sur tous les petits détails généralement pleins d'intérêt.

Je ferai pour le mieux.

AFFAIRES BISTOR, GALOPIN, RENNE

En 1881, on trouvait madame Stordeur, étranglée, la tête fracassée à coups de marteau, dans son domicile, rue de Charenton. Jaume, chargé de retrouver l'assassin, se mit en campagne. Il apprit qu'un individu nommé Bistor, sur lequel pesaient de graves soupçons, avait travaillé chez M. Dieulafoy, libraire, rue des Immeubles-Industriels.

Jaume visita tous les libraires de Paris et finit par savoir chez Rouff, éditeur des Mémoires fort intéressants d'un préfet de police, par M. Andrieux, que celui qu'il recherchait habitait Creil. Le temps de passer à la Sûreté, de prier son camarade Rossignol de l'accompagner, et Jaume se mit en route.

Il arriva à six heures du soir chez la maîtresse de Bistor et y trouva deux dépêches émanant de l'assassin, l'une annonçant son arrivée pour midi, la seconde annonçant au contraire qu'il n'arriverait à Creil que le soir à dix heures et demie.

Jaume attendit, et, à l'heure indiquée, Bistor arrivait, accompagné par deux individus dont il avait fait connaissance à Paris.

Jaume, sans donner à Bistor le temps de se reconnaître, le mit en état d'arrestation ainsi que ses compagnons, qui, d'ailleurs, étant innocents, furent relâchés. Tous trois étaient armés de revolvers et de poignards.

Jaume reçut de vives félicitations de ses chefs, et le brigadier de gendarmerie de Creil, qui comptait de beaux états de services, fut décoré pour avoir collaboré à la capture de l'assassin de madame Stordeur.

L'AFFAIRE DE LA RUE PAUL-LOUIS COURRIER

M. Four, bijoutier, rue Paul-Louis-Courrier, était assailli un soir dans son magasin par trois individus contre lesquels il se défendit avec une rare énergie.

Etant parvenu à s'emparer de son revolver, M. Four, sans hésiter un seul instant, fit feu sur ses agresseurs.

L'un d'eux, nommé Mitaine, s'affaissa à la première décharge. Il mourut à l'hôpital le lendemain ; quant aux deux autres, ils parvinrent à s'enfuir mais non sans avoir été atteints par les projectiles.

Jaume fut chargé de cette affaire et dès le lendemain, un nommé Briant était arrêté.

Le troisième complice demeurait introuvable à Paris.

Jaume, à force de recherches, finit par apprendre que Galopin, c'est ainsi que s'appelait le troisième agresseur, avait dû se réfugier en Belgique. Il se rendit à Bruxelles, courut la ville en tous sens et finit par apercevoir une après-midi Galopin installé dans un débit de vin.

Le misérable, ayant compris que c'était à lui qu'on en voulait, se leva d'un seul bond et parvint à gagner la rue.

Jaume se jeta à sa poursuite et ne tarda pas à le rejoindre.

Galopin fit des efforts insensés pour s'échapper, il ameuta la foule qu'il excita contre Jaume et, comme il arrive trop souvent en pareil cas, le public aurait fait un mauvais parti à l'agent de la Sûreté sans sa courageuse attitude.

Jaume, en effet, sans lâcher son prisonnier, tint

tête à la foule et parvint à faire comprendre qui il était, et pourquoi il arrêtait Galopin qu'il put enfin conduire au bureau de police.

Galopin portait encore sa chemise tachée de sang. Une balle de revolver reçue par lui pendant la lutte chez M. Four était encore dans la plaie.

Le doute n'était donc plus permis. Cette affaire, si rapidement et si habilement menée, valut à Jaume de nouvelles félicitations, dont il se plut à accorder une bonne part à M. Tilkin, officier de police à Bruxelles, qui lui fut d'un très grand secours en cette affaire comme en bien d'autres.

AFFAIRE RENNE

Jaume, lorsqu'il parle de ses voyages à Bruxelles, se plaît également à reconnaître les bons offices de M. Duvivier, officier de police, qui, en maintes circonstances, l'a puissamment aidé dans la recherche des malfaiteurs. Un jour, le ministre de la guerre fit demander un agent au service de la Sûreté.

Jaume se rendit chez le ministre qui le chargea de retrouver M. R....., lieutenant-trésorier de la légion de gendarmerie des Ardennes, disparu emportant avec lui 30,000 francs appartenant à la caisse de la légion.

Sans autre indication, Jaume se mit en route, emportant avec lui le portrait de l'officier malhonnête. A tout hasard, il se rendit à Bruxelles. Quelque chose lui disait que R..... avait dû tout au moins traverser la Belgique. A peine arrivé, il courut chercher M. Duvivier et l'emmena déjeuner avec lui.

Tout en mangeant, Jaume examina l'endroit où il se trouvait. En face de lui, à une table voisine, il aperçut R..... qui déjeunait seul, très tranquillement. Sans rien laisser deviner des sentiments qu'il éprouvait, Jaume examina la photographie qu'il avait en poche et s'assura que son voisin de table était bien l'officier qu'il cherchait.

Il recommanda à M. Duvivier de ne pas se retourner, paya la dépense sans achever de déjeuner, sortit avec l'officier de police belge, puis se posta à quelques pas du restaurant.

Peu après, R..... sortait à son tour et se trouvait face à face avec Jaume qui, à brûle-pourpoint, lui dit : « Vous êtes monsieur R....., veuillez nous suivre. »

Le malheureux se troubla, baissa la tête et se laissa arrêter sans essayer de tenter la moindre résistance.

L'AFFAIRE PERRETTE

Rue Geoffroy-Lasnier, habitait un nommé Flett, connu comme pédéraste et jouissant d'une réputation déplorable. Un matin, ce triste individu fut trouvé étendu, en chemise, sur son lit, le corps criblé de coups de couteau. Les recherches les plus minutieuses furent vaines. Le Parquet classa donc cette affaire.

Jaume cependant n'était pas satisfait ; il reprit le dossier, refit l'enquête, prit de nouveaux renseignements, interrogea tous ceux qui de près ou de loin avaient eu des rapports avec Flett et acquit la certitude que la victime possédait deux montres. Or, les perquisitions faites au moment du crime n'en avaient fait retrouver qu'une.

Jaume, à force de recherches, découvrit le bijoutier qui avait vendu les deux montres et qui lui en donna les numéros.

Il se rendit au Mont-de-Piété et, là, il apprit que la montre disparue avait été engagée par un nommé Perrette, demeurant 24, rue Blondel.

Jaume courut rue Blondel, Perrette n'y habitait plus, on ignorait ce qu'il était devenu, mais en visitant sa chambre, Jaume retrouva caché dans un panier un vêtement lui appartenant.

Il continua ses recherches muni du signalement complet de celui qu'il considérait dès ce moment comme l'assassin.

Un jour, en traversant la place du Châtelet, Jaume aperçut Perrette assis sur un banc et se dirigea vers lui. Perrette se leva en le voyant venir et prit la course.

Quelques instants après, Jaume lui mettait la main au collet et le conduisait à la Sûreté.

— Si je l'accuse d'avoir tué Flett et de lui avoir volé sa montre, pensa Jaume, le coquin ne me dira rien, il prétendra qu'il a acheté cette montre n'importe où et j'en serai pour ma peine.

L'habile agent eut une inspiration qui devait avoir les résultats les meilleurs.

— Vous vous appelez bien Jacaste, dit-il à son prisonnier, j'en ai la preuve et je vais vous envoyer au Dépôt.

Complètement rassuré, Perrette qui ne pensait pas que l'enquête relative au crime de la rue Geoffroy-Lasnier se poursuivait encore, protesta comme un beau diable. — Je m'appelle Perrette, clama-t-il, votre arrestation est illégale, je me plaindrai.

— Du tout, répondit Jaume, vous êtes Jacaste et vous avez volé cette montre...

En disant cela il lui mit sous les yeux la montre volée chez Flett.

Triomphant, Perrette s'écria : Je ne m'appelle pas Jacaste et cette montre est la mienne, je l'ai engagée sous mon nom au Mont-de-Piété, vous voyez donc bien que je vous dis la vérité.

Jaume prenant alors un air contrit se confondit en excuses ; Perrette, de plus en plus rassuré, donna force détails, établit nettement que la montre était à lui et se disposa à se retirer.

A ce moment, Jaume lui mit la main sur l'épaule et lui dit : « Puisque vous êtes bien Perrette, je vous arrête ; c'est vous qui avez assassiné Flett, et la montre que vous venez de reconnaître appartenait à votre victime. »

Le tour était joué, Perrette, qui était un pédéraste ainsi que Flett, se laissa tomber anéanti sur une chaise.

Devant la cour d'assises, il ne voulut rien avouer mais il sollicita l'indulgence du jury. Il fut condamné aux travaux forcés à perpétuité.

Cette affaire, qui fait le plus grand honneur à la perspicacité de Jaume, lui valut les félicitations du Parquet. Sans lui, le crime de la rue Geoffroy-Lasnier serait certainement resté impuni.

L'AFFAIRE LORIÈRE

Un matin du mois de juillet 1883, on trouvait mademoiselle Lorière, domestique de M. Prestrot, bijoutier au Palais Royal, étendue sans vie dans le magasin.

La malheureuse avait été assassinée par des malfaiteurs qui, leur crime accompli, avaient emporté pour 15,000 fr. de bijoux environ.

Sous les ordres de M. Macé, Jaume fut chargé de rechercher l'auteur de ce crime.

Après maintes recherches il découvrit à Gentilly le domicile d'un nommé Beghin, qui de complicité avec Blin avait assassiné mademoiselle Lorière.

Jaume retrouva chez ce misérable une valise volée à la gare du Nord, au consul de Belgique.

Les 12,000 francs de valeurs qu'elle avait contenus avaient naturellement disparu. Jaume finit par savoir que Beghin s'était réfugié en Belgique. M. Macé télégraphia aussitôt à Bruxelles.

Jaume se rendit alors dans cette ville et deux jours après l'assassin était arrêté.

Un détail amusant : Beghin, qui dans sa valise emportait tous les bijoux volés par lui, traversa la frontière sans qu'aucun douanier ait eu l'idée d'en vérifier le contenu ; quand Jaume se présenta au contraire à la frontière, les mêmes douaniers ouvrirent et visitèrent consciencieusement sa valise contenant tout juste deux chemises !

LE CRIME DE CHATOU

Je ne raconterai pas par le détail ce crime encore présent à la mémoire de tous, je me contenterai simplement d'indiquer le rôle joué par Jaume dans cette affaire.

Le cadavre du malheureux pharmacien Aubert avait été découvert et la justice recherchait les coupables. M. Macé avait commencé son enquête. Un soir en rentrant chez lui, Jaume trouva une dépêche de son chef, lui donnant rendez-vous pour le lendemain matin à six heures.

En arrivant à la Sûreté, il trouva M. Macé en conférence avec les époux Fenayrou qu'il interrogeait à titre de renseignements.

Jaume, sur l'ordre de M. Macé qu'il devait retrouver à midi au Palais de Justice de Versailles, se rendit dans cette ville avec Fenayrou. Ce dernier, ayant acheté le *Gil Blas*, lut en route les détails du crime que déjà on l'accusait d'avoir commis.

Il montra l'article à Jaume, joua l'indignation et déclara qu'il poursuivrait les journaux en diffamation.

Jaume, qui étudiait son homme, ne répondit rien, mais redoubla d'attention.

Vers 11 heures, après avoir déjeuné dans un restaurant de Versailles, Fenayrou se leva tranquillement et se dirigea vers le jardin. Sans affectation, Jaume se leva et le suivit.

Fenayrou s'en étonna et pour dissiper ses soupçons, Jaume se montra plein de gaieté et d'entrain.

A midi, Fenayrou et Jaume se rendirent au Palais, où M. Macé donna l'ordre à son agent d'accompagner Fenayrou à Chatou. Il s'agissait de savoir si celui qu'on soupçonnait serait reconnu par les habitants du pays comme ayant loué la maison où le drame s'était déroulé. Fenayrou, bien entendu, ignorait le but de cette promenade.

Fort habilement, Jaume interrogea diverses personnes à Chatou, et finalement Fenayrou fut reconnu formellement, notamment par le jardinier qui affirma que c'était bien lui qui avait loué la maison.

C'était là un point important et l'on sait qu'en présence de ces affirmations si nettes des aveux furent faits par les assassins.

C'est à Jaume que Gabrielle Fenayrou disait un jour pendant l'instruction : « Aubert était d'un caractère froid, peu communicatif. S'il m'avait seulement embrassée le jour où je l'attendais dans le passage du Havre pour le mener à Chatou, certainement je ne l'aurais pas conduit à la mort. »

Aimable femme qui, pour un simple baiser non reçu, laissait tuer lâchement celui qu'elle avait assez aimé pour lui sacrifier son honneur et celui de tous les siens.

LE CRIME DE L'ILE-ADAM

Madame veuve Durand, demeurant à l'Ile-Adam (Seine-et-Oise), avait été lâchement assassinée.

Les auteurs de ce crime n'avaient laissé aucun indice qui permît de les faire retrouver. Les recherches les plus minutieuses n'avaient d'ailleurs donné aucun résultat.

Or, un jour, Jaume se trouvant dans le bureau de son chef, remarqua sur une table une montre en or marquée Leroy, une tabatière en argent aux initiales L. B. et une médaille commémorative frappée à l'occasion de l'inauguration de la colonne de Juillet.

Curieux comme personne, Jaume avait examiné ces objets avec attention et s'en était allé non sans avoir appris que ces objets venaient d'être saisis sur deux individus, les nommés Marquelet et Teinen, arrêtés pour vol.

Le jour même le parquet de Pontoise demandait par dépêche un agent du service de la Sûreté, pour aider à la recherche de l'assassin de l'Ile-d'Adam, demeuré introuvable.

Jaume se mit en route.

A peine arrivé à l'Ile-Adam, il examina les lieux du crime, et interrogea les voisins, les parents de la victime.

Il n'apprit rien de bien nouveau, mais on lui

signala la disparition de certains objets ayant appartenu à madame Durand.

Son enquête terminée il revint à Paris et rentra chez lui pour prendre un peu de repos. Avant de se coucher cependant il rédigea son rapport. Il était alors trois heures du matin. En désignant les objets qu'on lui avait signalés comme disparus, Jaume se souvint tout à coup de la montre en or, de la tabatière, etc., que sa curiosité lui avait fait examiner la veille sur le bureau de M. Macé.

— Je tiens les coupables, se dit-il, et il se jeta sur son lit.

Le lendemain de bonne heure il entrait chez M. Macé.

— Eh bien, lui dit le chef de la Sûreté, avez-vous trouvé quelque chose ?

— Vous tenez les coupables, lui répondit Jaume, ils sont à Mazas, inculpés de vol.

Et comme M. Macé l'interrogeait du regard : — Marquelet et Teinen sont les assassins, ajouta-t-il, et les objets que vous avez saisis sur eux ont été volés à l'Ile-Adam.

Une heure plus tard, les deux misérables extraits de Mazas étaient conduits devant M. Macé et s'accusaient réciproquement du crime commis sur la personne de la veuve Durand.

Sans la curiosité de Jaume, sans ce besoin inné chez lui de tout connaître, de tout examiner, sans sa mémoire qui le sert à merveille, Marquelet et Teinen, condamnés pour vol, accomplissaient leur peine, étaient relâchés et la mort de madame Durand n'était pas vengée.

AFFAIRE BALLERICH

Je ne veux pas aborder le détail de cette malheureuse affaire Ballerich dont les suites pénibles sont restées gravées dans la mémoire de tous. On se souvient que Mme Ballerich fut assassinée et que le meurtrier dont le vol était le principal mobile ne put s'emparer que d'une somme de 7 fr. 25. Jaume, chargé de rechercher le coupable, se déguisa en maçon, fréquenta pendant quelque temps, une crémerie où les amis de l'assassin venaient fréquemment et sut que le misérable s'appelait Gamahut. Quelques jours après, ayant retrouvé sa trace, il l'arrêtait dans la Nièvre.

Mes lecteurs me sauront gré de m'arrêter là et de ne pas raviver par le récit complet de ce crime la douleur de celui qui n'a cessé de pleurer sa mère d'abord, son frère ensuite.

LE CRIME DE LA RUE MADAME

Un brocanteur de la rue Madame, M. Olbert, était un jour trouvé sans vie, étendu dans sa chambre auprès d'un fauteuil, tenant en mains le journal le *Rappel*.

Les médecins ayant conclu à une mort naturelle, le permis d'inhumer fut délivré, et l'enterrement du brocanteur eut lieu. Un détail qui aurait cependant dû donner à réfléchir au médecin c'est que Olbert qu'on avait trouvé tenant un journal en mains, ne savait pas lire. Ce détail connu de Jaume l'avait frappé.

Deux ans après ce crime, Jaume se rendait à Bruxelles pour affaire de service. En route il fit connaissance de M. Gateclou, avec lequel il échangea sa carte.

Vingt-deux jours après, étant de retour à Paris, il recevait une lettre de son compagnon de route, qui le priait de vouloir bien rechercher l'auteur d'un vol de titres dont il venait d'être victime.

Jaume fit une enquête, le titre volé à M. Gateclou avait été négocié au Crédit Lyonnais.

Plusieurs mois après, il arrêtait deux jeunes gens soupçonnés d'avoir commis un vol chez M. Prestrot, beau-père de M. Gateclou. L'un d'eux, nommé Vialard, déclara qu'il avait une importante communication à faire et que, si l'on voulait le promener dans certains quartiers de Paris, il désignerait certainement aux agents qui l'accompagneraient un individu recherché depuis longtemps pour un crime demeuré impuni.

Le 17 juillet 1885, Jaume se rendit à Mazas avec un ordre d'extraction, et accompagna Vialard pendant toute la journée dans divers quartiers de Paris.

Vers quatre heures de l'après-midi, étant entré pour se rafraîchir avec le détenu dans un café, il aperçut un consommateur qui, en le voyant avec Vialard, fit un geste d'épouvante et se mit à mâcher une lettre qu'il jeta sous la banquette.

Jaume ramassa le papier ainsi mâché et parvint à

découvrir que cette lettre était adressée à un nommé Thomas par un détenu à Mazas, nommé Blum.

Vialard interrogé ne voulut plus rien dire.

Jaume le reconduisit à la maison d'arrêt et fort habilement interrogea Blum qui, se croyant trahi par Thomas, demanda à être conduit à la Sûreté, où il avoua être l'assassin du brocanteur Olbert.

Il l'avait étranglé avec un foulard et c'est lui qui, pour faire croire à une mort naturelle, avait placé un journal entre ses mains.

L'AFFAIRE MATON

M. Maton, inspecteur de l'Assistance publique, fut un jour trouvé mort dans son appartement. Le commissaire de police et le médecin, appelés pour constater le décès, conclurent à un suicide et firent inhumer le cadavre. Cependant, M. Maton avait été assassiné. Un individu s'étant introduit chez lui, l'avait étranglé puis volé, ainsi que Jaume parvint à l'établir par la suite. Le frère de M. Maton, prévenu du décès, assista à l'enterrement et fut fort étonné de ne trouver, dans les papiers du défunt, aucune trace des économies qu'il lui connaissait.

A force de recherches, il parvint à établir que 120,000 francs de titres avaient été volés. Jaume commença une enquête. Le cadavre fut exhumé et un examen plus approfondi démontra qu'il y avait eu, non suicide comme on l'avait dit, mais crime. Les traces de strangulation bien que très légères furent découvertes. Jaume, sur la dénonciation d'un nommé Barbier arrêté tout d'abord, qui lui déclara que l'assassin se nommait Poncet, et qu'il faisait partie d'une troupe théâtrale de province, partit en voyage. Il visita un grand nombre de villes : se faisant passer pour un acteur, il s'adressa à tous les directeurs de province demandant après Poncet qu'il finit par découvrir. Ce dernier put facilement prouver sa parfaite innocence et Jaume, grâce à son habileté, grâce à sa force de volonté, put enfin nettement établir la culpabilité de Barbier, seul coupable.

LE CRIME DE BAGNOLET

Un riche cultivateur de Bagnolet, M. Giroux, avait été assassiné et jeté dans un puits, où son cadavre fut retrouvé le lendemain du crime. Jaume se rendit aussitôt sur les lieux et les renseignements qu'il obtint lui firent porter ses soupçons sur un nommé Fèvre.

Cependant il s'agissait d'être prudent ; il fallait laisser le criminel se trahir lui-même et pour cela ne pas avoir l'air de le soupçonner.

On fit insérer dans les journaux que l'assassin était connu, qu'il ne tarderait pas à tomber entre les mains de la justice, mais on lui donna un tout autre nom, et Jaume, grâce à ce subterfuge, put surveiller tout à son aise Fèvre qu'il arrêta quatorze jours après le crime de Noisy-le-Sec.

Le misérable se défendit avec énergie, mais il lui

fut impossible de donner l'emploi de son temps, il se troubla, inventa mille histoires, en un mot ne put prouver son innocence, alors que tout l'accusait.

Malgré la plaidoirie de M⁰ Laguerre, il fut condamné aux travaux forcés à perpétuité.

AFFAIRES MARCHANDON ET MÉNÉTRET

Jaume eut également à s'occuper du crime de la rue de Sèze.

Il rechercha à Bruxelles un nommé Anatole, présumé complice de l'assassin. Ce fut encore lui qui se rendit à Villemomble et qui découvrit dans le jardin les ossements humains grâce auxquels on put prouver à Euphrasie Mercier qu'elle avait réellement assassiné mademoiselle Ménétret.

LE CRIME DE LA RUE MERCIER

Un fille publique nommée Rouxe, demeurant 4, rue Mercier, fut assassinée par un individu qui avait passé la nuit chez elle.

Tout d'abord, la bonne de la fille Rouxe avait été arrêtée. La malheureuse se défendit énergiquement et donna le signalement d'un individu qui était venu plusieurs fois visiter sa maîtresse, et dont les allures lui avaient paru suspectes.

Cet individu avait laissé chez la fille Rouxe sa carte de visite.

Jaume la trouva. Elle portait :

SCHŒNFELD

14, Boulevard Magenta

Il se rendit aussitôt à cette adresse et y trouva bien un M. Schœnfeld, courtier en diamants, qui n'eut aucune peine à établir son innocence, et qui, de plus, ne connaissait aucunement la victime.

Jaume visita *cent deux* imprimeurs pour trouver celui auquel les fausses cartes avaient été commandées.

Ses recherches furent couronnées de succès. Il découvrit l'imprimeur passage du Caire, mais l'assassin demeurait introuvable. Cependant, Jaume continua ses recherches; il finit par établir que le misérable s'appelait Grunn et qu'il avait été expulsé de France. Jaume ayant appris qu'il s'était réfugié à Cassel (Allemagne), en informa le chef de la Sûreté et Grunn fut arrêté peu après.

Le coquin se pendit dans sa prison avant de passer en jugement.

Cette recherche acharnée, ces cent deux visites chez les imprimeurs, démontrent surabondamment la volonté, l'énergie et le zèle de Jaume, cet agent extraordinaire qui veut toujours et quand même avoir le dernier mot et qui jamais ne consent à se déclarer vaincu, tant qu'il reste un espoir, si minime soit-il, de découvrir le coupable.

Jaume s'occupa également de l'affaire **Pranzini** et

contribua pour sa bonne part à la découverte de l'assassin.

Il rechercha encore Charron, l'assassin de Monthléry (Seine-et-Oise).

Je relaterai maintenant la fameuse arrestation de Dauga, à Pont-àMousson, qui a fait tant de bruit et dont le procès en cour d'assises promet d'émouvants débats.

Cette affaire est certainement une de celles qui aient valu à Jaume le plus de félicitations, et bien qu'elle ait été narrée déjà maintes fois par le détail, j'en retracerai les grandes lignes, considérant qu'elle prouve, plus que toute autre, l'incontestable valeur de l'inspecteur principal que M. Goron considère comme un de ses meilleurs agents.

L'ARRESTATION DE PONT-A-MOUSSON

La ville de Pont-à-Mousson était, depuis plusieurs mois, terrorisée. De nombreux crimes avaient été commis et, malgré les recherches les plus actives de la police locale, l'assassin avait échappé à toutes les recherches. M. Goron, sur la demande des autorités de Pont-à-Mousson, envoya l'inspecteur principal Jaume. L'habile inspecteur principal prit le train le 8 février, à minuit 25, pour Pont-à-Mousson, où il arrivait le lendemain, à 10 heures du matin.

Pour donner toute confiance à l'assassin, il adressa à M. Goron une dépêche l'informant qu'il se rendait à Cologne où le coupable avait dû se réfugier.

Cette dépêche était suivie d'une lettre démentant ce voyage et expliquant qu'il importait qu'on le crût sur une fausse piste.

C'était d'ailleurs fort habile, comme on le verra par la suite.

Jaume, affublé d'une paire de moustaches qui le rendaient méconnaissable et changeant plusieurs fois de costume, se mêla à la foule, écoutant ce qui se disait, en faisant son profit, puis se rendit à la mairie et se mit en communication avec le parquet de Nancy, venu tout exprès.

M. Thiriat, commissaire de police de Pont-à-Mousson, lui apprit que toutes les victimes avaient eu la tête fracassée à coups de marteau, puis la gorge coupée.

Au domicile d'une des victimes on avait retrouvé dans la chambre du crime un bouton de nacre et un bouton de pantalon.

Ce n'était pas suffisant pour aider à la recherche du criminel. Jaume se fit remettre ces deux boutons et se fit faire le récit des crimes les plus récents.

M. Thiriat lui apprit, — ce que d'ailleurs il savait déjà — que dans la soirée du 14 décembre on avait trouvé assassinés l'un à côté de l'autre les époux Sultzer, brocanteurs, demeurant 5, rue des Murs ; que le 5 février suivant, madame Ferry, marchande de bois, avait été tuée ; que deux jours plus tard, madame François, aubergiste, 1, rue de la Corderie, avait également été, et toujours de la même façon, assassinée en plein jour et qu'enfin une marchande de vins, madame Simothey, n'avait échappé que par miracle au sort des autres victimes.

Jaume examina avec attention toutes les pièces de la procédure suivie, interrogea M. Simothey et apprit de lui qu'un voyageur sans argent avait dîné dans son établissement, lui avait laissé sa montre en argent et qu'il était venu, le jour de l'assassinat de madame Ferry, solder sa note de la veille en monnaie de billon.

Jaume se fit donner le signalement détaillé de cet individu. Le jour se fit dans son esprit ; pour lui l'assassin était connu désormais. Il visita les diverses fabriques où l'inconnu avait travaillé et finalement apprit du commissaire de police le départ d'un nommé Jean Dauga pour Remiremont où habitait sa famille. Jaume se fit montrer une photographie de tous les ouvriers de la maison Adt, parmi lesquels M. Simothey reconnut en Dauga, le client dont il avait donné le signalement à Jaume.

Plus de doute ! Jaume recommanda le silence le plus absolu au Parquet, se fit délivrer un mandat d'amener et se rendit dans un café de la ville. Sa présence était signalée. Comprenant que le succès de l'opération dépendait surtout de la discrétion de tous, il rédigea la dépêche à M. Goron et en laissa, comme par mégarde, copie sur une table.

Cette dépêche était ainsi conçue :

« Goldemberg, assassin, réfugié à Cologne. Le suis. »

Dix minutes après, tout Pont-à-Mousson connaissait la dépêche et Jaume, ravi du bon tour qu'il venait de jouer aux curieux, prenait le train pour Epinal.

A ÉPINAL

A peine arrivé, il se mit en relations avec M. Schneider, commissaire de police, qui, en cette affaire, a fait preuve de la plus grande valeur, et se rendit aussitôt chez plusieurs personnes parentes ou amies de Dauga. Il apprit que ce dernier était parti pour Remiremont et Dogneville.

EN TRAINEAU

Les routes étant couvertes de neige, Jaume fit atteler un traîneau, y prit place avec M. Schneider et un agent et se dirigea sur Dogneville.

Dauga venait de prendre la route d'Épinal en compagnie de deux amis.

Sans perdre de temps, le traîneau rebroussa chemin, rattrapa en route les amis de Dauga et Jaume les emmena avec lui au commissariat d'Épinal où ils fournirent sur le compte de Dauga des renseignements déplorables.

L'ARRESTATION DE DAUGA

Jaume se rendit ensuite 21, rue des Petites-Boucheries, chez les époux Mouton et s'y installa pour attendre Dauga qui ne pouvait tarder à arriver.

Quelques instants après, en effet, l'assassin arrivait, Jaume se jetait sur lui d'un seul bond et le forçait à se déshabiller entièrement.

Hébété, Dauga obéissait tout en protestant contre l'accusation qui pesait sur lui.

Divers objets trouvés dans ses poches établissaient déjà sa culpabilité, lorsque tout a coup Jaume poussa un cri de triomphe, il venait de trouver dans une des poches du gilet trois boutons de nacre en tout semblables à celui retrouvé près du cadavre de madame François. De plus il manquait au pantalon un bouton de même modèle que celui retrouvé avec le bouton de nacre.

Jaume certain, désormais, de la culpabilité de Dauga, l'apostropha en ces termes : « Tu as pensé que tes victimes étaient mortes ! Elles se sont levées de leur tombeau, et m'envoient vers toi te crier : Assassin ! assassin ! »

Dauga éperdu, tremblant, lui colosse devant Jaume qui le cinglait de sa parole vengeresse, courba la tête, mais n'avoua pas. Il était vaincu cependant.

Je m'arrêterai là. Les habitants de Pont-à-Mousson, ceux d'Epinal, firent à Jaume des ovations enthousiastes, dont il se souviendra toute sa vie. A Pont-à-Mousson, il fut porté en triomphe, la municipalité vint au-devant de lui.

Ce n'était plus de la joie, c'était du délire. Au nom de la population, une toute jeune fille l'embrassa et lui remit un bouquet.

J'aurais pu citer encore bien des affaires dans lesquelles Jaume s'est distingué. Je crois avoir suffisamment démontré la valeur de ce remarquable agent, et la médaille d'argent de première classe que M. Goron lui remettait il y a quelque temps au nom du ministre de l'Intérieur, était certainement des plus méritées.

La presse tout entière a d'ailleurs annoncé la distinction dont Jaume venait d'être l'objet dans les termes les plus flatteurs et les plus mérités.

M. SOUDAIS, BRIGADIER

SOUDAIS, GARDE COMMUNAL. — SA CONDUITE PENDANT LA GUERRE

Né à Arces (Yonne), le 22 avril 1841, M. Soudais, qui avait vécu jusqu'alors au milieu des siens, fut nommé en 1867 garde communal à la Celle-Saint-Cyr (Yonne), où il occupa ces fonctions jusqu'en 1871.

Pendant l'invasion allemande, la municipalité de la Celle-Saint-Cyr, qui avait su apprécier son patriotisme, le chargea de la représenter auprès de l'ennemi et de débattre avec lui la quantité de réquisitions en nature à fournir.

Les Allemands imposèrent la Celle-Saint-Cyr pour 30,000 francs de réquisitions. Soudais, dont la situation était des plus périlleuses, se rendait à chaque demande nouvelle à la « commandature allemande » à Joigny, et plaidait chaleureusement la cause de ses concitoyens, arrivant à faire comprendre à nos ennemis qui pourtant ne voulaient rien entendre, qu'il était imposible de faire face à leurs demandes exagérées.

Il parvint ainsi à force de volonté, d'énergie, à réduire le chiffre d'imposition, de 36,000 à 3,800 francs et se fit néanmoins donner quittance intégrale du chiffre primitivement imposé.

Plusieurs fois il fut sur le point d'être passé par les armes. Jamais il ne céda et fut assez heureux pour préserver les habitants de la Celle-Saint-Cyr des vengeances teutonnes. Sa force de volonté, son ardent patriotisme, son abnégation en avaient imposé à l'ennemi.

M. SOUDAIS A PARIS

Au mois de septembre 1871, M. Soudais dont les appointements comme garde communal étaient des plus modestes, donna sa démission. La municipalité et les habitants de la Celle-Saint-Cyr lui exprimèrent ouvertement leurs regrets et firent tous leurs efforts pour le retenir à son poste.

Malgré les démarches les plus flatteuses dont il fut l'objet, Soudais vint à Paris.

A LA SURETÉ

Très chaudement recommandé par des gens influents qui connaissaient sa belle conduite et lui témoignaient une estime profonde, Soudais fut nommé inspecteur au service de la Sûreté, le 16 mars 1872.

Pendant la première année, il fit partie de la brigade des recherches et arrêta bon nombre de fédérés accusés d'assassinats.

A partir de 1876, il fut détaché aux bureaux du Parquet et chargé du compte rendu de la cour d'assises ; du classement des pièces dans les bureaux de la Sûreté ; de fournir des renseignements sur notes émanant de la division et du Parquet, besogne qui, nous l'avons dit, exige des aptitudes spéciales, une grande finesse et beaucoup de tact et de mesure.

De 1882 à 1883 il fut plus spécialement chargé de procéder à l'arrestation des employés de l'administration des postes coupables de détournements. Or, pendant la période que je viens d'indiquer, le nombre en fut considérable.

Le 16 juillet 1875, Soudais fut nommé inspecteur de 3e classe, puis le 1er janvier 1877, de 2e classe.

Il était nommé de première classe le 1er juillet 1882, passait sous-brigadier le 1er mai 1884, et enfin brigadier le 1er décembre 1885.

CE QU'EST L'HOMME

M. Soudais a tout à fait l'air d'un caissier de grande administration. Très calme, très froid, la figure encadrée par une barbe noire où se jouent quelques fils d'argent, est encore jeune et fraîche. Les yeux très vifs, pleins de malice, indiquent l'intelligence, la volonté et la fermeté. Jamais en voyant le brigadier Soudais on ne se douterait qu'il appartient à la Sûreté. Il n'a jamais l'air, en effet, de s'occuper de ce qui se passe autour de lui et pourtant, rien de ce qui se dit ou de ce qui se fait ne lui est indifférent.

Il voit tout sans regarder, entend tout sans écouter et sait se souvenir. Il est très apprécié de ses chefs. C'est un agent consciencieux, très discret et surtout très au courant de son métier. Toujours irréprochablement mis, son extérieur annonce un employé supérieur ou un commerçant aisé. Il peut se présenter n'importe où sans éveiller les soupçons.

Je citerai, maintenant que j'ai dit ce qu'était l'homme, les principales affaires dans lesquelles l'agent s'est fait remarquer.

EN 1883

Soudais fut chargé, en 1883, de rechercher M. Simon Philippart, directeur de la Société « Force et Lumière », dont les bureaux étaient installés à Paris, 6, avenue de l'Opéra.

D'origine belge, M. Philippart était l'objet d'un mandat d'arrêt lancé par le parquet de Bruxelles qui l'inculpait de vol et de détournements frauduleux.

Soudais, accompagné du sous-brigadier Obermayer, se livra à de minutieuses recherches. Un jour, il vit une voiture s'arrêter devant le n° 6 de l'avenue de l'Opéra.

Il s'approcha et reconnut dans la personne qui en descendait, Philippart qui, très pressé, se disposait à pénétrer sous la porte cochère. Soudais s'approcha, l'appela par son nom et, certain qu'il ne se trompait pas, le fit remonter en voiture et le conduisit à la Sûreté où il fut écroué. Il était temps. Philippart, dont les malles étaient faites, devait quitter Paris le soir même. Il fut remis peu de jours après son arrestation entre les mains de la justice belge.

LE VOL DE MEAUX

Pendant la même année, les époux Berthaud, charcutiers à Meaux (Seine-et-Marne), furent victimes d'un vol de valeurs et de bijoux s'élevant à 50,000 francs, commis à l'aide d'effraction.

Soudais, aidé dans ses recherches par le sous-brigadier Moser, parvint à établir que le vol avait été commis par trois individus, les deux frères Ulrich et un nommé Van Girod, dit Subrot, qu'il mit entre les mains de la justice après de nombreux voyages en France et à l'étranger.

Il fut assez heureux pour retrouver la presque totalité de la fortune volée aux époux Berthaud, qui n'eurent jamais d'ailleurs l'idée de demander les noms des agents qui leur avaient ainsi fait retrouver les 50,000 francs qu'ils croyaient bien ne jamais revoir.

L'ingratitude est l'indépendance du cœur.

EN 1884

Soudais, en 1884, reprit le service de la brigade des enquêtes et fut chargé de poursuivre plusieurs affaires intéressantes parmi lesquelles je citerai tout spécialement les suivantes :

Un aide-caissier à la gare de l'Est, M. Savreux, trompant la confiance de ses chefs, s'était enfui emportant 110,000 francs.

Après trois mois de recherches à travers l'Europe, Soudais retrouva le caissier infidèle à Vienne (Autriche) et le mit en état d'arrestation, ainsi que sa maîtresse, une femme Clauzel qui, depuis sa fuite, c'est-à-dire depuis le vol, ne l'avait pas quitté un seul instant.

La même année, Soudais fut chargé de rechercher avec l'inspecteur Jouannais, un nommé Grandry, dit Richefort. Cet individu faisait partie d'une bande exploitant principalement les marchands de vins et les épiciers à Paris et en province. Cet habile voleur changeait de nom comme de quartier, c'est-à-dire souvent.

Les recherches furent longues et pénibles, mais Soudais dont la patience est à toute épreuve, et qui n'abandonne une piste que lorsqu'il ne lui reste plus le moindre espoir arrêta Gaudry qui était poursuivi pour escroqueries, abus de confiance, banqueroute frauduleuse, etc., etc.

En 1884, Soudais fut encore chargé de rechercher

le fameux Legrain, directeur de la Compagnie d'assurances « Le Zodiaque » dont les bureaux se trouvaient rue Vivienne.

Ses recherches furent couronnées de succès et les éloges qui lui furent alors décernés étaient certes des plus mérités.

EN 1885

Soudais, qui était toujours sur la brèche et sur lequel on était toujours en droit de compter, fut chargé en 1885 d'arrêter Marmet, accusé d'abus de confiance au préjudice des facteurs des Halles Centrales.

Il réussit cette affaire comme tant d'autres, à la grande satisfaction de ses chefs.

Peu après, grâce à son zèle, à son activité, à sa parfaite connaissance des hommes et des choses, il arrêtait un nommé André, qui avait assassiné M. Meunier dans un train en marche, sur la ligne de l'Est.

ENCORE UN MOT AU SUJET DE L'AFFAIRE SAVREUX

J'ai dit, en commençant la nomenclature des affaires auxquelles Soudais a pris une part active, qu'il avait arrêté un nommé Savreux, caissier à la gare de l'Est, qui avait détourné une somme de 110,000 francs.

Ayant appris que Savreux s'était réfugié à Vienne,

Soudais se rendit dans cette ville, et, au bout de deux jours, il aperçut le caissier infidèle qui se dirigeait vers la poste.

Soudais le suivit, cherchant du regard un agent de police. Savreux, au moment même où il venait de jeter une lettre dans la boîte fut arrêté par Soudais, qui enfin avait rencontré un agent et lui avait fait signe.

Savreux ne fit aucune résistance, mais il supplia Soudais de lui faire restituer la lettre qu'il venait de déposer à la poste, lui exprimant tous les regrets qu'il éprouvait de l'avoir écrite, et se désespérant à l'idée qu'elle pouvait parvenir au procureur de la République, à Paris, auquel elle était adressée.

Le Parquet, prévenu, rechercha la fameuse lettre, et l'on eut vite l'explication des regrets un peu tardifs de Savreux. Elle commençait ainsi : « Monsieur le procureur, malgré toutes les recherches faites pour me retrouver, je me f... de vous et de la Sûreté : je suis à l'abri et jamais vous ne me pincerez. »

On a vu combien Savreux s'était trompé, puisqu'au moment même où il expédiait cette insolente missive, un agent français lui mettait la main au collet. Inutile d'ajouter que le procureur mit au panier l'outrageante bravade de l'escroc.

EN 1885

Soudais, grâce à une enquête activement et habilement conduite, arrêta non sans peine les nommés

Hume et Forme, qui avaient assassiné, dans le bois de Vincennes, un vieillard, M. Dunet, qui s'était laissé attirer dans un fourré par une fille.

Ce fut encore Soudais qui parvint à établir la culpabilité de Maisonneuve et qui l'arrêta.

Cet individu, on s'en souvient, s'était caché dans l'appartement d'une femme galante, mademoiselle Alliaume, 78, rue de Rome, l'avait assassinée à coups de couteau, puis s'était enfui, emportant les bijoux, qu'il avait pu dérober.

Pendant la même année, Soudais procéda à l'arrestation de la bande Martin, se composant de huit individus, inculpés de fraude commerciale et de falsification du sceau de l'Etat ; puis enfin, il rechercha et livra à la justice les nommés Dauy et Caroll qui avaient dérobé un nombre considérable d'ouvrages de prix chez MM. Ollier-Larousse, éditeurs.

EN 1886

Aidé du sous-brigadier Clairet, Soudais se livra en 1886 à d'actives recherches pour retrouver un individu qui, d'un coup de couteau, avait ouvert la gorge, en pleine rue Saint-Jacques, à M. Clerc, cuisinier à l'Institution nationale des jeunes aveugles. Ses recherches furent couronnées de succès : l'assassin, nommé Benoist, fut arrêté et forcé d'avouer son crime.

Soudais, en 1886, prit part à de nombreuses affaires, qu'il réussit avec un rare bonheur. La plus importante capture qu'il fit à cette époque, fut celle de la bande Roux-Jullien, se composant de dix-sept membres.

Les voleurs avaient dérobé une soixantaine de mille francs chez M. Goldstein, marchand de chaussures à Paris.

Non seulement Soudais arrêta la bande entière, mais encore il retrouva la presque totalité de la somme volée.

EN 1887

Après avoir exploré les principales villes d'Europe, Soudais arrêta en 1887, à Constantinople, Mouvet, directeur de la Banque Parisienne, qui s'était enfui après avoir commis des détournements s'élevant à plusieurs millions.

Lorsque Soudais, accompagné d'agents indigènes, aperçut Mouvet, il se dirigea sur lui et l'arrêta séance tenante.

L'escroc tenait à la main une valise contenant 80,000 francs, qu'un des agents se chargea de porter. En route, cet agent prit la fuite avec la forte somme, et Soudais, ayant mis son prisonnier en lieu sûr, dut monter en voiture et se lancer à la poursuite du voleur de la valise, qu'il arrêta dans la campagne.

La même année, Soudais arrêta à Bruxelles le père de Mouvet, qui se cachait sous un nom d'emprunt, et qu'on accusait de complicité dans les détournements reprochés au directeur de la Banque Parisienne.

EN 1888

C'est en 1888 que Soudais eut à s'occuper de l'affaire Allmayer, le fameux escroc dont le lecteur connaît l'audacieuse évasion de Mazas et l'existence extraordinairement mouvementée.

Dès son jeune âge, Allmayer qui appartient à une excellente famille, se rendit coupable de vols et de faux. Grâce à l'intervention des siens, il ne fut pas poursuivi, mais ses instincts pervers ne devaient que s'accroître avec l'âge et même au régiment, il se fit condamner pour vol à cinq ans de prison.

Rentré dans ses foyers en 1885, Allmayer travailla chez son père, qui put le croire, pendant quelque temps, revenu à de meilleurs sentiments.

Hélas, sa famille devait être bientôt déçue dans son espoir.

En effet, malgré le soin pris par les siens à satisfaire tous ses désirs, Allmayer, qui était insatiable, recommença à voler.

Il déroba chez les frères Kastor, commissionnaires, 13, rue Grange-Batelière, une traite de 41,702 fr. 90 c. sur laquelle il apposa de fausses signatures. Il s'associa un repris de justice nommé Plivard, qui négocia la traite chez M. Calm, banquier, auquel Allmayer avait, avec une rare audace, contrefaisant la voix de M. Kastor, demandé par téléphone de vouloir bien escompter ladite traite.

Bien que M. Allmayer père eût remboursé la somme, l'escroc fut maintenu en état d'arrestation, et c'est pendant l'instruction qu'ayant pu dérober un ordre de mise en liberté chez le juge, il le remplit, le signa, le timbra et se fit mettre en liberté par le directeur de Mazas, auquel un garde municipal à cheval avait remis, plein de confiance, le fameux papier libérateur qu'Allmayer lui avait donné à cette intention sur le seuil même du cabinet du juge d'instruction.

Je ne raconterai pas comment Allmayer s'étant procuré de l'argent, se réfugia en Belgique, où il fut arrêté et parvint à se faire relâcher.

Le lecteur a encore présent à la mémoire tous les incidents de cette curieuse affaire.

J'indiquerai simplement la vente de 35,000 fusils de guerre à livrer à l'empereur du Maroc, imaginée par Allmayer qui parvint à se faire donner une quarantaine de mille francs, qu'il s'appropria, par ses associés, après les avoir envoyés aux quatre points cardinaux toujours en vue de cette affaire ; et les 750,000 francs de traites qu'il fabriqua et dont il négocia une partie chez M. de Camondo.

J'ajouterai qu'Allmayer, qui fut cause de l'arrestation d'un grand nombre de personnes remises en liberté par la suite, poussa l'audace jusqu'à demander un sauf-conduit pour venir donner à la justice française des explications et affirmer la non-culpabilité de plusieurs prévenus.

L'habile escroc, toujours poursuivi par Soudais, fit presque le tour du monde, prenant un nouveau nom chaque fois qu'il quittait un endroit, touchant barre à Paris de temps à autre, et, chaque fois, profitant de son séjour pour y commettre de nouvelles escroqueries.

Il me faudrait presque un volume pour narrer toutes les escroqueries, tous les tours d'audace et même toutes les bonnes fortunes d'Allmayer, dont la rare intelligence, employée au bien, eût produit de merveilleux résultats.

Je me contenterai d'avoir indiqué les principales affaires et j'arriverai à l'arrestation de l'escroc par Soudais.

J'ai dit, en publiant la biographie de M. Goron, qu'un soir, M. Guérin secrétaire du préfet de police fit parvenir au chef de la Sûreté une dépêche du commissaire de police de Bordeaux qui signalait la présence d'un nommé Bonneville, dont les allures singulières avaient éveillé l'attention à Biarritz et qui était signalé comme ayant commis, sous le nom de M. Étienne, député d'Oran, diverses escroqueries.

Ce nom rendit M. Goron rêveur. Il se souvint qu'Allmayer s'était souvent fait appeler de Macqueville, de Motteville, peut être même de Bonneville, et que l'Algérie avait été le théâtre de ses exploits.

A tout hasard, il fit partir Soudais pour Bordeaux. L'intelligent agent apprit que de Bonneville, arrivant de Biarritz, avait logé à Bordeaux, hôtel de la

Paix, sous le nom de Mario Magnan, avec sa maîtresse, mais que, ayant appris que le commissaire de police était venu pour le voir, il s'était hâté de déguerpir, disant pour ne pas éveiller les soupçons : « C'est un ami de mon père, il va me faire de la morale. Or, comme je suis en partie fine, je me sauve, ne tenant pas à ce que mes parents sachent ce que je fais. »

Soudais, tout désappointé, ayant déjà fait le tour du monde à la recherche de l'insaisissable Allmayer, se jura que cette fois il le retrouverait, car il ne doutait pas que de Bonneville, Mario, Magnan et Allmayer ne fussent un seul et même personnage.

Il montra donc le portrait d'Allmayer au directeur de l'hôtel et aux employés, qui reconnurent Mario Magnan.

Soudais se rendit à la gare. Il apprit que son homme avait pris un billet pour Paris, puis, se ravisant, qu'il en avait pris un autre pour Cette, et que, finalement, il s'était rendu à Coutras.

Soudais se lança à sa poursuite. Allmayer avait pris à Coutras un billet pour le Havre. M. Goron, informé par dépêche, envoya aussitôt le brigadier Bleuze au Havre, où Soudais le rejoignit d'ailleurs presque aussitôt.

Impossible à la gare du Havre, où l'on ne retrouvait aucun ticket distribué à Coutras, d'obtenir le moindre éclaircissement. Soudais ne se tint pas pour battu. Allmayer aime la foule et les plaisirs, se dit-il : dirigeons-nous vers Frascati.

Il ne s'était pas trompé. Allmayer, qui s'était fait alors appeler Drouet, logeait à l'hôtel Frascati.

Soudais ignorait ce détail, mais il observait. Vers six heures du soir, son cœur battit violemment; il venait d'apercevoir Allmayer et sa maîtresse se promenant en voiture de place non loin de la mer.

D'un bond, Bleuze et lui sautèrent dans la voiture, et, malgré les protestations d'Allmayer, le mirent en état d'arrestation.

L'habile escroc, cette fois, n'avait pas été le plus fort.

EN 1889

Le 21 janvier 1889, Soudais arrêta les nommés Granward et Ménétrier, qui avaient volé, après l'avoir frappée, madame Ciolino, mercière, 22, rue Saint-Jacques.

Enfin, il a procédé encore, à la Hulpe (Belgique), à l'arrestation du fameux Jacques Meyer, ex-directeur de la Société mobilière, dont l'extradition a donné lieu à tant de démarches et de réflexions au sujet desquelles je ne veux pas revenir ici.

Je m'arrête et je crois avoir assez dit pour prouver toute la valeur du brigadier Soudais, dont j'aurai peut-être encore à reparler quelque jour.

LE BRIGADIER BLEUZE

AU RÉGIMENT. — PENDANT LA GUERRE. — A LA SURETÉ. — L'AFFAIRE BACQUELET. — LES AFFAIRES MALATE. — DEBAVAY ET BARRÉ.

Petit, trapu, grisonnant, l'œil vif, l'air d'un parfait commerçant, tel est M. Bleuze, brigadier au service de la Sûreté. Sûr de lui, très intelligent, réussissant toutes les affaires dont il est chargé, accomplissant ses fonctions sans bruit, sans jamais se mettre en avant, le brigadier Bleuze, qui connaît à fond son métier et qui l'exerce avec une grande conscience, est considéré par ses chefs comme un des meilleurs brigadiers du service.

Il a gardé de son long séjour au régiment l'esprit de discipline et d'exactitude qui en font un agent précieux.

Soldat au 57e, puis au 10e régiment de ligne, M. Bleuze a pris son congé comme sous-officier au 3e zouaves, après quatorze années de service, très bien noté et très apprécié de ses supérieurs. Lorsque la guerre de 1870 éclata, Bleuze n'hésita pas à rengager. Il fit toute la campagne au 3ᵉ régiment de zouaves. Nous n'avons pas oublié les prodiges accomplis par ces régiments d'élite.

Blessé à la hanche gauche, d'un coup de feu, Bleuze se traîna comme il put jusqu'à l'ambulance de Reischoffen, où les médecins français procédèrent à l'extraction de la balle qui était restée dans la plaie. Bleuze a conservé pieusement ce projectile qui pouvait lui coûter la vie. Fait prisonnier à Hanovre et Magdebourg après sa sortie de l'ambulance, il dut subir les rigueurs de la captivité, à peine remis de sa blessure qui le faisait encore cruellement souffrir.

Bleuze a pris part, pendant son service militaire, aux campagnes d'Algérie et de Kabylie, de 1864 à 1870.

A LA SURETÉ

Entré au service de la police de Sûreté le 31 décembre 1872, Bleuze fut nommé sous-brigadier en avril 1884, puis brigadier au mois d'octobre 1886.

Il est l'élève de l'inspecteur principal Gaillarde avec lequel il a souvent marché. Bleuze ne fait pas mentir le proverbe et l'on peut dire en parlant de lui : Tel maître, tel élève.

Ai-je besoin d'ajouter que ses chefs ont, pour lui, beaucoup d'estime.

Le nombre des affaires dont Bleuze a eu à s'occuper est considérable. Je citerai les principales.

AFFAIRE BACQUET

Le 27 décembre 1875, M. Boscher, commissionnaire en marchandises rue d'Hauteville, était assassiné.

M. Baruel, commissaire de police appelé à faire les premières constatations, le soir même du crime, ne put recueillir aucun indice précis permettant de soupçonner l'auteur de ce crime. Cependant auprès de la victime il trouva un chapeau mou abandonné par l'assassin, sur les lieux du crime, et un petit couteau à manche noir, d'une valeur de vingt centimes, nouvellement repassé, et qui avait servi à trancher le cou du malheureux commissionnaire.

Le concierge donnait bien le signalement d'un individu qui, à deux reprises, était venu le jour du crime demander si M. Boscher était chez lui, mais il ne le connaissait pas autrement.

Vers onze heures du soir, le brigadier Yves, accompagné de Bleuze et d'un autre agent, venait se mettre à la disposition du commissaire de police et commencer son enquête.

Le couteau et le chapeau trouvés près du cadavre ne portaient aucune marque. L'heure avancée ne permettant pas de commencer utilement les recherches, le commissaire donna rendez-vous aux trois agents de la sûreté pour le lendemain matin.

En arrivant au commissariat le matin, ils demandèrent aussitôt à M. Baruel l'autorisation de visiter les lieux du crime.

Bleuze se mit aussitôt à fureter dans tous les coins. Derrière une porte, au milieu de papiers épars sur le parquet, il découvrit une lettre de recommandation signée Gravet que l'assassin avait fabriquée et dont il s'était servi pour pénétrer chez la victime.

Cette lettre, qui semblait avoir été froissée par une main crispée, portait d'un côté une entaille de six centimètres environ. Cette entaille avait été faite par l'assassin qui avait dû frapper M. Boscher au moment où il prenait connaissance de la lettre.

Des recherches furent faites aussitôt chez tous les commerçants du nom de Gravet.

Rue Chapon, M. Gravet, tourneur-mécanicien, déclara qu'un de ses anciens employés nommé Louis-Pierre Bacquet, né en 1835, à Bellencourt (Somme), répondait au signalement fourni par le concierge de la victime.

Bacquet venait de subir une peine à la Grande-Roquette. Libéré deux jours avant le crime, il était venu voir les ouvriers de M. Gravet. On se rappela même qu'il avait ce jour-là un chapeau en tout semblable à celui retrouvé rue d'Hauteville.

Bleuze se mit à la recherche de cet individu. Il apprit qu'avant de subir sa peine à la Grande-Roquette, Bacquet avait une maîtresse.

En recherchant cette dernière, Bleuze apprit que l'assassin vivait avec une nouvelle maîtresse, demeurant, 52, rue Saintonge.

Il s'y rendit avec l'agent Tichet. L'ancienne maîtresse de Bacquet, dit Bleuze en se présentant, vient d'hériter d'une somme de 50,000 francs que lui a léguée un parent mort à l'étranger. Nous la cherchons et nous avons pensé que votre amant serait heureux de nous indiquer son adresse.

Bacquet habite ici, chez moi, répondit alors la femme chez laquelle se trouvait Bleuze, mais il est allé faire une course à Belleville ; si vous voulez revenir il doit rentrer à huit heures pour dîner.

Bleuze se retira annonçant qu'il reviendrait en effet, mais il ne quitta pas la rue et surveilla la porte cochère pendant que Tichet courait prévenir M. Claude, alors chef de la Sûreté, et le brigadier Yves qui dirigeait cette affaire.

Une souricière fut établie dans la chambre de la maîtresse de Bacquet et lorsque ce misérable rentra, vers dix heures du soir, il fut immédiatement arrêté.

Il portait encore sur lui le porte-monnaie et le pardessus de M. Boscher qu'il n'avait tué que pour le voler.

Bacquet, condamné à mort par la cour d'assises de la Seine, fut exécuté place de la Roquette.

DE 1873 A 1880

Bleuze coopéra avec Gaillarde, en 1873, à l'arrestation de Malato, à Levallois-Perret.

Je ne reviendrai pas sur cette affaire que j'ai contée en détail dans la bibliographie de l'inspecteur principal Gaillarde, puis en 1876 il rechercha et arrêta à la gare de Lyon, au moment où il descendait de wagon, le directeur de la banque de France de Saint-Etienne, M. Prosper-Fleury Debavay, accusé d'un détournement de 150,000 fr.

En 1878, Bleuze, après de patientes recherches, arrêta Thomas-Aimé Barré, complice de Lebiez, qui avait assassiné, après l'avoir volée, la malheureuse madame Gillet.

L'AFFAIRE DEBRÉBANT. — LELANDAIS

En 1880, on trouvait dans une carrière à Bellay, canton de Lusarche (Seine-et-Oise), le cadavre de M. Blanchet, assassiné à coups de pierres et de canne à épée.

Bleuze, sur la demande du parquet de Pontoise, fut chargé de retrouver l'assassin. Il commença par établir l'identité de la victime et s'enquit de ses relations.

Il apprit, à force de recherches, que le jour du crime M. Blanchet avait quitté le garni qu'il habitait en compagnie d'un nommé Debrébant avec lequel il se disputait. Sur les lieux du crime Bleuze avait trouvé un bulletin de paie d'ouvrier, délivré par une usine de La Villette.

Il s'y rendit aussitôt. Debrébant n'y était pas connu. Bleuze se remit en campagne et visita toutes les usines où il supposait pouvoir trouver quelque trace de Debrébant.

A l'usine Farcot, il releva sur les contrôles trois ouvriers portant le nom de l'assassin, mais deux seulement y étaient encore, le troisième avait disparu.

Le sixième jour, Bleuze parvint à découvrir le domicile de Grégoire Debrebant, âgé de trente ans, qu'il arrêta, ainsi que sa cousine Eugénie-Joséphine Debrébant, âgée de vingt-huit ans. Il tenait le coupable et le forçait à avouer son crime.

EN 1881

En 1881, après de longues recherches, Bleuze procédait à l'arrestation d'un nommé Ernest Lelandais, âgé de quarante-cinq ans, sous-chef de bureau à la gare de l'Est, qui avait détourné, à l'aide de faux et d'escroqueries, plusieurs millions de francs.

Le 14 septembre de la même année, il découvrait et arrêtait à Saint-Quentin (Aisne), un nommé Léopold Floriris, âgé de trente et un ans, sujet belge, et sa femme, Irma Fillieur, âgée de vingt-six ans, qui avaient volé pour 250,000 francs de bijoux à la comtesse Branicka.

EN 1882

Bleuze, sous les ordres de Gaillarde, participa, le 5 mars 1882, à la Chapelle-au-Pot (Oise), à l'arrestation de Grosjean, l'assassin de la veuve Galasterère, demeurant à Paris, rue Labat.

Il le rechercha tant à Paris qu'à Londres, et arrêta un nommé Peter Wydrix, âgé de trente-cinq ans, sujet russe, qui avait fait une émission de faux billets de la banque russe. Bleuze en fut pour sa peine, la Russie n'ayant pas voulu poursuivre cette affaire. A Londres, Bleuze avait découvert la fabrique de faux billets.

La même année, il arrêta à Barcelone, calle Allada, n° 14, les époux Ramon, charbonniers, qui fabriquaient et émettaient de fausses pièces de vingt francs, qu'il découvrit en recherchant des fabricants de faux billets de cinquante francs de la Banque de France.

LE CRIME DE LA RUE BOURDALOUE

Madame Pieju, domestique d'un avocat, demeurant rue Bourdaloue, reçut un jour, pendant l'absence de son maître, la visite d'un individu qui se jeta sur elle et lui porta un coup de poignard dans la région du cœur.

La malheureuse femme mourut de sa blessure, après dix jours de souffrances, sans avoir pu donner aucune indication de nature à faire retrouver l'assassin, qui, son crime accompli, avait dévalisé l'appartement.

Le signalement fourni par les voisins se rapportait assez exactement à celui d'un ancien frotteur nommé Roulet. Bleuze fut chargé de cette affaire. Il passa trois nuits entières aux Halles, parce qu'il supposait que l'assassin, qui, avant d'être frotteur, avait été établi marchand de vin, rue Quincampoix, viendrait rôder dans ces parages. Il rencontra un soir un frotteur qui connaissait Roulet et qui lui apprit que ce dernier allait assez souvent rue Palestro rendre visite à un concierge de ses amis. Bleuze, rue Palestro, apprit que Roulet remplaçait un concierge de la rue Saint-Denis, malade en ce moment.

L'immeuble où se trouvait Roulet avait deux cours et, de la loge qui se trouvait dans la seconde, on voyait parfaitement entrer dans la maison.

Bleuze, sans hésiter, frappa à la loge et s'adressant à Roulet :

— Avez-vous quelque chose à faire?

— Non, rien de pressé, répondit l'assassin.

— Eh bien, venez donc de suite frotter chez mon patron qui reçoit ce soir.

Enchanté de cette aubaine, Roulet ferma sa porte et suivit Bleuze qui, arrivé dans la rue, lui déclara qu'il le conduisait au Palais de Justice, pour régler une contravention encourue au moment où il était marchand de vin.

Par hasard, Roulet avait, en effet, une petite affaire de ce genre à régler, il suivit donc Bleuze sans aucun soupçon.

Il fut interrogé en arrivant à la Sûreté et écroué au Dépôt, sans avoir voulu rien avouer. Le lendemain on le conduisit rue Bourdaloue.

Formellement reconnu par les voisins, il se décida à avouer son crime.

Condamné à la peine de mort, Roulet vit sa peine commuée en celle des travaux forcés à perpétuité.

EN 1884

En 1884, Bleuze fut chargé d'arrêter des individus qui fabriquaient et émettaient de fausses pièces de deux francs.

Il parvint à découvrir les coupables et les fila pendant plusieurs jours, pour être bien certain de son fait.

Les faussaires se défiaient et leur capture fut des plus difficiles. Cependant les ayant surpris en flagrant délit d'émission rue Vanneau, Bleuze continua sa filature jusqu'à ce qu'il eût rencontré des agents auxquels il fit signe de le seconder. Accélérant alors sa marche il dépassa les faussaires et, brusquement, revenant sur ses pas, il arrêta les nommés Charles-Victor Théry, âgé de 42 ans, et François-Louis Berthex, âgé de 22 ans, qui furent obligés d'avouer.

Thiéry se pendit dans sa cellule, à Mazas.

Peu de temps après, Bleuze arrêtait tous les complices de ces faussaires. Le 7 mars, il en capturait trois : Joseph Muller, dit Martin, âgé de trente-trois ans, Charles Monnourat, âgé de trente-deux ans et Alphonse Payen, âgé de vingt-deux ans.

Le 13 mars, il arrêtait Georges Boulant ; Louis dit *Dupuis*, dit *Bataille*, dit *Deschamps* ; la fille Marie Berthe, dite Deschamps ; et enfin, le 27 mars, Bleuze découvrait et arrêtait le reste de la bande, les nommés Germain Goutal, âgé de vingt ans ; Léon Dufarcy, dit Julot, âgé de dix-huit ans ; Jean-Jules Ginet, dit *Julot*, dit *Dubreuil*, dit *Richetier*, dit *Perot*, dit *Altermat*.

La plupart de ces individus étaient, en outre, accusés de vols qualifiés et de rupture de ban.

Goutal, arrêté à la sortie d'un restaurant de la rue Saint-Louis, opposa une résistance désespérée. Il fallut le traîner.

En route, il se laissa tomber et en profita pour jeter sa montre dans l'égout qui fait face à l'église Saint-Laurent. Le lendemain, cette montre, qui marchait encore, fut retrouvée.

Toujours en 1884, Bleuze arrêta, au Grand-Hôtel, l'ancien président de la Société française de crédit, le nommé Louis-Alphonse Juteau, âgé de soixante et un ans, accusé d'abus de confiance et d'escroqueries.

Il arrêta également à Montreuil le nommé Xaxier Laurent, âgé de cinquante-deux ans, qui avait lâchement assassiné un garde de la forêt de Ferrières.

EN 1885

Dans la nuit du 11 au 12 juillet 1885, un nommé Coustix, assailli par des rôdeurs au Champ de Mars, avait eu la gorge coupée par ces misérables qui l'avaient ensuite dévalisé.

Son cadavre fut retrouvé le lendemain, mais rien ne pouvait faire supposer quels étaient les coupables.

Bleuze, à force de recherches, retrouva une marchande de café qui se rappela avoir remarqué le soir du crime, vers minuit, quatre individus à mine suspecte qui rodaient aux environs du Champ de Mars. Grâce au signalement très incomplet cependant qu'elle en put donner, Bleuze arrêta, le 16 juillet, les nommés Florent-Jacques Kœnig, journalier, âgé de vingt ans; Edmond-Emile Hulot, chaudronnier, âgé de dix-huit ans; Louis-Pierre Forget, journalier, âgé de vingt ans, et Pierre Bouillon, chaudronnier, âgé de dix-huit ans.

La marchande de café, en présence de laquelle furent mis ces quatre jeunes misérables, les reconnut de la manière la plus formelle. Ils nièrent énergiquement, mais ils ne purent fournir aucun alibi. Leurs dépositions contenaient en outre de graves contradictions. Kœnig, condamné à mort, fut exécuté; ses complices furent envoyés aux travaux forcés. Le soir de l'assassinat de Coustix, ils avaient en outre attaqué et volé divers passants attardés qui les reconnurent, à l'instruction.

Le 31 décembre 1885, Bleuze arrêta encore, dans une brasserie de femmes de la rue Turbigo, le nommé Henri Biolley, âgé de vingt-neuf ans, qui avait dérobé à la Banque ottomane, où il était garçon de bureau, une somme de 116,000 francs. Les recherches faites pour retrouver ce voleur furent longues et difficiles; son arrestation n'était pas sans danger.

Biollay, qui était armé d'un revolver, avait en effet

déclaré qu'il s'en servirait contre ceux qui tenteraient de l'arrêter. Bleuze fit son devoir et captura l'escroc au péril de sa vie.

EN 1886

Le 12 juin 1886, Bleuze arrêta un nommé Pomatto, âgé de trente-cinq ans, sujet italien, accusé de tentative d'assassinat. Ce misérable, armé d'un tire-point, se défendit énergiquement. Bleuze, au risque d'être tué cette fois encore, le désarma et le maintint en état d'arrestation.

Le 4 décembre de la même année, il arrêta Alexandre Séjourné qui avait assassiné et volé le charretier Delporte à Garges.

Séjourné tenta de se créer un alibi. Il prétendit qu'à neuf heures du soir, il se trouvait, le jour du crime, chez un marchand de vins de la rue du Pont-Neuf.

Or, ce crime avait été commis à neuf heures et demie. Bleuze conduisit Séjourné chez le marchand de vins désigné. Le garçon qui l'avait servi et qui le reconnut déclara qu'il ne prenait son service que le soir à onze heures et demie et que le jour du crime il était précisément arrivé une demi-heure en retard, c'est-à-dire vers minuit, et que Séjourné n'était arrivé dans l'établissement que vers minuit et demi.

L'assassin, d'ailleurs, avait sur lui exactement la somme volée au malheureux charretier.

EN 1887 ET 1888

Enfin, en 1887 et 1888, Bleuze procéda à diverses arrestations fort importantes, parmi lesquelles je citerai, en 1887, celle de cinq individus, qui, à l'aide d'effraction, avaient volé une somme de 50,000 francs à M. Jamet, rue de la Réunion; et celle de Louis-Paul Barillon qui avait détourné une somme de 160,000 francs à la trésorerie de Versailles, où il était employé; en 1888, l'arrestation de deux employés de la Compagnie du Canal de Panama qui avaient détourné et fabriqué de faux titres de la Compagnie, et enfin l'arrestation, au Havre, avec M. Soudais, du fameux Allmayer.

J'aurais pu citer bien d'autres arrestations encore à l'actif du brigadier Bleuze, j'aurais pu dire tous les services rendus tant à l'administration qu'au public par cet agent, je me contente de ce qui précède. Bleuze est un consciencieux, un actif et un dévoué, dont j'aurai probablement plus d'une fois encore l'occasion de citer le nom.

LE BRIGADIER ROSSIGNOL

LE BRIGADIER ROSSIGNOL. — L'HOMME

Toujours gai, toujours en mouvement, ne restant jamais cinq minutes inoccupé, très ingénieux d'ailleurs, très habile, et faisant ce qu'il veut, Rossignol est le véritable type du Parisien gouailleur et sceptique, bien que né à Strasbourg, le 8 juillet 1846.

D'une taille moyenne, trapu, le crâne dénudé sur le sommet, Rossignol est un dilettante. Il se passionne pour les affaires qui lui sont confiées. D'un courage et d'une hardiesse à toute épreuve, il ne recule devant aucun danger. Tous les moyens, si périlleux soient-ils, lui sont bons pour atteindre le but qu'il s'est proposé.

Lui faut-il rechercher un criminel dans les milieux les plus dangereux, le voilà parti, grimé, travesti, affectant à s'y méprendre les allures de ceux avec lesquels il devra frayer, et bien malin celui qui le reconnaîtrait sous son accoutrement.

Le langage, les gestes, la tournure y sont. Il connaît à merveille tous les coins et recoins de Paris et sait presque toujours, selon l'individu qu'il lui faut retrouver, de quel côté il doit porter ses pas.

D'une humeur toujours égale, il accepte sans jamais se fâcher toutes les niches que lui font ses camarades envers lesquels il n'est d'ailleurs pas en retard. Autant en effet Rossignol devient sérieux lorsqu'il travaille, autant il aime à rire, le travail terminé. C'est de plus un collectionneur. Toujours à l'affût, voyant tout, comprenant tout, vivant pour son métier qu'il exerce avec le plus grand plaisir, il note ses impressions, les diverses phases des enquêtes qu'il a menées à bien.

Un crime vient d'être commis, Rossignol fait tous les marchands de Paris et retrouve le modèle exact des instruments qui ont servi à perpétrer le crime. Il s'en rend acquéreur et les classe dans sa collection. Rossignol est encore d'une souplesse, d'une agilité remarquables. Aucun tour d'adresse ne lui est inconnu.

Sa physionomie ouverte, où se jouent deux yeux malins, attire la sympathie. C'est un brigadier actif, dévoué, courageux et intelligent, qui fera par la suite un excellent inspecteur principal.

AU RÉGIMENT

Fils de capitaine décoré, Rossignol fut admis, en qualité d'enfant de troupe, en 1857, au 98e régiment d'infanterie. En 1864, il contracta un engagement de sept années à la mairie du 1er arrondissement et fut incorporé dans un régiment de zouaves avec lequel il fit la campagne de 1870.

Fait prisonnier à Metz, il fut rendu à la liberté en 1871, prit part à l'expédition de Kabylie et obtint son congé en octobre 1871.

A peine rentré en France, Rossignol, que la vie militaire attirait, fit des démarches pour contracter un nouvel engagement dans un régiment de tirailleurs sénégalais.

N'ayant pu y parvenir, il entra comme musicien au 109e de ligne, sous la direction du chef actuel de la musique de la garde républicaine.

Libéré pour la seconde fois du service militaire, Rossignol vint à Paris et fit une demande pour entrer au service de la Sûreté.

Le 5 août 1875, il était nommé inspecteur aux appointements de 1,200 francs.

ACTES DE COURAGE

Le 1er mai 1879, il était augmenté de cent francs pour avoir accompli une mission périlleuse, pour laquelle il s'était spontanément offert.

Pendant deux jours, Rossignol avait à différentes reprises plongé dans le canal Saint-Martin, pour retrouver les couteaux dont Gille et Abadie s'étaient servis pour commettre un assassinat. Rossignol gagna à ces recherches une bronchite aiguë dont il se ressent quelquefois.

Le 20 décembre 1881, il recevait une augmentation nouvelle de cent francs pour acte de courage accompli en arrêtant les assassins de la veuve Storder.

Le 1ᵉʳ septembre 1883, il était nommé sous-brigadier à 1,800 francs et le 1ᵉʳ juillet 1886 il passait brigadier avec un traitement de 2,000 francs.

J'ajouterai que, depuis son admission au service de la sûreté, Rossignol n'a jamais encouru la moindre punition. Presque jamais il n'a pris de congé — cinquante-huit jours en cinq fois en tout — et jamais il n'a été malade que par suite des blessures reçues en arrêtant des criminels.

L'administration lui a décerné un certain nombre de gratifications, notamment : le 9 juin 1879, pour avoir sauvé, en se jetant dans la Seine, un cheval qui allait se noyer ; en avril 1880, pour l'arrestation périlleuse d'un nommé Richelet ; le 10 juillet 1886, pour avoir, en arrêtant un cheval emporté attelé à une voiture, reçu de graves blessures qui l'obligèrent, pendant plusieurs semaines, à marcher avec des béquilles.

Il reçut en outre, à cette occasion, une médaille d'argent de 2ᵉ classe. Le 20 octobre 1886, le préfet lui remettait une médaille d'or de première classe pour avoir fait preuve d'un courage et d'un dévouement exceptionnels en procédant, le 17 octobre 1886, à l'arrestation d'un dangereux malfaiteur, l'anarchiste Duval, qui avait incendié l'hôtel de madame Madeleine Lemaire et dont il ne put se rendre maître qu'après une lutte acharnée au cours de laquelle il fut frappé de plusieurs coups de poignard.

UNE LETTRE DU PRÉFET

A la suite de cette affaire, qui avait failli lui coûter la vie, Rossignol reçut de M. Gragnon, alors préfet de police la lettre suivante :

« Monsieur,

» J'ai l'honneur de vous informer que monsieur le président de la République vous a, par décret en date de ce jour, conféré, sur ma proposition, une médaille d'or de première classe.

» Je vous ai dit de vive voix les sentiments d'estime et de profonde sympathie que m'inspire votre longue carrière toute pleine d'actes de bravoure et de dévouement.

» Je suis fier d'avoir sous mes ordres un service qui compte dans ses rangs des hommes tels que vous.

» Recevez... etc.

» Signé : GRAGNON. »

Je n'ajouterai rien à ce témoignage émanant d'une source aussi autorisée, et j'essaierai maintenant de faire ressortir les qualités maîtresses de Rossignol, en racontant quelques-unes des principales affaires dont il a dû s'occuper.

Rossignol a joué un rôle important dans un très grand nombre d'affaires — environ sept cents —

depuis son entrée à la Sûreté. Il me serait donc impossible de les rappeler toutes, sans sortir du cadre relativement restreint de cette étude. J'indiquerai rapidement les plus marquantes de ces affaires et je n'en détaillerai que quelques-unes dans lesquelles Rossignol s'est distingué d'une manière toute spéciale.

EN 1875

Rossignol, au mois de novembre 1875, fut chargé de rechercher les complices de Kiepp et Chevalier, qui formaient la bande dite *des Noyeurs*. Cent quarante-quatre individus furent arrêtés et condamnés, quarante en cour d'assises, cent quatre en police correctionnelle.

EN 1876

Rossignol découvrit et arrêta, en février 1876, Prévost, Maillard, Vrignault et consorts, accusés de vols qualifiés et de tentative d'assassinat.

Ces individus et leurs maîtresses furent condamnés aux travaux forcés à perpétuité.

Au mois d'août 1876 il arrêta Humbert, Bauce et Barsange qui s'étaient rendus coupables de nombreux vols et d'une tentative d'assassinat.

Ces misérables furent condamnés aux travaux forcés à temps. Humbert seul fut condamné à perpétuité.

EN 1877

Le 22 février 1877, après de longues recherches, Rossignol arrêta Raab, Siroux et quinze de leurs complices qui depuis longtemps dévalisaient les maisons de campagne des environs de Paris. Ces hardis voleurs furent condamnés aux travaux forcés.

EN 1879

En 1879, Rossignol prit part à différentes affaires ; en juin, il participa à l'arrestation de Roger Desenfant et de ses complices ; en mars, il avait arrêté Guerrière, inculpé de tentative d'assassinat et en avril, il avait aidé à l'arrestation de Gille et Abadie qui, le 30 juillet 1886, furent condamnés à mort pour l'assassinat de madame Basengeaud, marchande de vins à Montreuil.

LE VOL DE LA COURNEUVE

En novembre 1880, le général comte de Schramm avait été victime d'un vol de 700,000 francs commis à son préjudice dans la propriété qu'il possédait à la Courneuve, près Saint-Denis.

Rossignol, sachant qu'un individu dont on lui avait donné le signalement avait été vu dans les environs de la propriété, le jour du vol, se rendit avec un de ses collègues à La Courneuve, et pendant trois jours et trois nuits, ils restèrent, son collègue et lui, sur la route, vêtus en ouvriers, s'occupant à la réfection du sol pour motiver leur présence en cet endroit.

Le troisième jour, l'individu qu'ils guettaient passa devant eux une hotte sur le dos, un panier au bras. Rossignol, abandonnant ses outils, se jeta sur lui et l'emmena au poste de la mairie du pays. Le chef de la Sûreté, aussitôt informé de cette arrestation, se rendit à La Courneuve et interrogea le prévenu qui déclara se nommer Sonnet, dit Nicot. Il fut condamné à vingt ans de travaux forcés. Rossignol, entre temps, avait arrêté ses complices au nombre desquels se trouvait un nommé Louis Contesenne.

A la suite de cette importante capture, le chef de la Sûreté adressait à M. Caubet, chef de la police municipale, duquel dépendait encore la police de Sûreté, le rapport suivant :

« J'ai l'honneur d'appeler la bienveillante attention de M. le chef de la police municipale sur les agents Rossignol et Lindas.

« A l'occasion de la recherche de l'un des auteurs du vol commis au préjudice de M. le général Schramm, ces deux agents ont fait preuve du plus grand zèle et d'un dévouement absolu.

« Pendant trois jours et trois nuits consécutifs, ils sont restés en surveillance dans les champs, aux abords de La Courneuve, à toutes les intempéries et ne pouvant même se procurer que difficilement les aliments nécessaires.

« Grâce à leur intelligence et à leur bonne volonté, le nommé Sonnet, dit Nicot, un des principaux auteurs du vol dont il s'agit, a pu être capturé déguisé en marchand de poisson.

« Rossignol est un des bons agents de la Sûreté, actif, intelligent, apte à toute sorte de missions. J'ai déjà eu l'occasion d'appeler sur lui la bienveillance de M. le chef de la police municipale au sujet de l'arrestation des assassins Gille et Abadie pour laquelle son traitement a été porté de 1500 à 1600 francs, etc.

EN 1881

Rossignol et son camarade Jaume procédèrent, en 1881, à Creil, à l'arrestation de Bistor, l'assassin de la veuve Stordeur, dont j'ai donné les très curieux détails dans la biographie de Jaume. Cependant je ne crois pas inutile de donner copie du rapport qui fut adressé à ce sujet par le chef de la Sûreté au chef de la police municipale.

Ce rapport était ainsi conçu :

« J'ai l'honneur d'appeler toute la bienveillance de M. le chef de la police municipale sur les inspecteurs Gustave Rossignol et Fortuné Jaume, qui viennent de faire preuve de zèle, d'intelligence et de courage en arrêtant le nommé Bistor, dit de la Foy, D... et L..., qui accompagnaient ce malfaiteur.

« Certains indices ayant donné lieu de croire que Bistor s'était réfugié à Creil, les agents déguisés en colporteurs sont partis le 17 courant pour cette localité et, dans la même journée, ils ont découvert le garni où Anna Perrin, maîtresse de Bistor, attendait celui-ci.

« Grâce à leur habileté, Rossignol et Jaume ont fait avouer à la sus-nommée que son amant rentrerait de Paris le soir-même.

« Aussitôt, ils ont prévenu le maréchal des logis de gendarmerie de la localité, et, de concert avec ce fonctionnaire, ils ont établi une souricière dans la chambre de la fille de Perrin.

« A onze heures du soir, Bistor, tenant un ciseau à froid à la main, est arrivé accompagné des nommés D... et L...

« Avec énergie et courage les agents et le maréchal des logis se sont jetés sur ces individus et les ont arrêtés.

« D... et L... étaient cependant armés de revolvers et de rasoirs, mais il ont été promptement mis dans l'impossibilité de faire usage de leurs armes.

« Pris à l'improviste et trouvé nanti de la montre de la veuve Stordeur, Bistor, pressé de questions, a avoué sur-le-champ aux agents qu'il était l'assassin.

« Avant la fin de la soirée, un télégramme des susdits inspecteurs m'informait de cette importante capture qui fait le plus grand honneur à ses auteurs.

« Sachant combien M. le chef de la police municipale se montre bienveillant envers ses subordonnés lorsqu'ils ont fait vaillamment leur devoir, je n'hésite pas à lui proposer l'augmentation de cent francs du traitement de chacun de ces inspecteurs. Cette distinction sera pour eux la juste récompense de leur zèle et un encouragement pour l'avenir.

« Rossignol et Jaume ont déjà fait leurs preuves, du reste ce dernier s'est distingué dans diverses missions qui lui ont été confiées, notamment pour les incendies en province.

« Quant à Rossignol, il a déjà eu de nombreuses gratifications pour actes de zèle et de courage, notamment, etc., etc. »

L'augmentation demandée par le chef de la Sûreté fut accordée à ces deux agents à la suite de ce rapport, que j'ai cru devoir reproduire, bien que les détails qu'il contient aient été déjà publiés par moi dans un précédent article, ainsi que je l'ai dit.

Le 13 mai 1882, Bistor fut condamné à mort.

EN 1882

Rossignol arrêta, le 10 mars 1882, l'assassin de la veuve Seguin, un nommé Lachaize.

En août il aida Jaume à capturer Perrette, l'assassin de Flett, rue Geoffroy-Lasnier.

LE GRELOT RÉVÉLATEUR

M. Delihu, avoué à Paris, constatait sans avoir jamais pu découvrir le voleur, que des vols d'argent étaient commis presque journellement dans le tiroir-caisse de l'étude.

Il en informa le chef de la Sûreté qui mit Rossignol à sa disposition.

L'habile agent ne pouvant exercer sa surveillance dans l'étude même imagina un truc très ingénieux. Il fixa un piton derrière le tiroir-caisse, y attacha un fil noir qu'il fit passer le long d'un pied du bureau, puis sur le tapis, et dont l'extrémité placée dans une chambre voisine soutenait un grelot.

Rossignol se coucha à terre, ne perdant pas de vue le grelot.

A un moment donné le grelot avança de vingt centimètres environ. Le tiroir venait d'être ouvert.

Afin de bien constater le vol, Rossignol attendit que le tiroir fut refermé. Il tira légèrement le grelot, qui, quelques instants plus tard revenait à lui. Sûr de son fait, il entra brusquement dans l'étude et y trouva la concierge tenant en main des fausses clefs et plusieurs pièces de cinq francs.

Il arrêta la voleuse qui fut condamnée à six mois de prison.

LE CRIME DE VERVINS

Au mois d'avril 1882, un inspecteur principal avait été envoyé à Vervins (Aisne) pour y rechercher l'auteur d'un assassinat commis dans cette ville.

Cet inspecteur principal étant connu à Vervins écrivit au chef de la Sûreté d'envoyer à sa place un agent vêtu en vagabond.

Rossignol reçut l'ordre de partir. Il revêtit un pantalon de toile bleue tout rapiécé, une veste d'ouvrier fumiste, un tricot de laine qui au lieu de boutons était rattaché avec des ficelles. Il arriva ainsi accoutré à Vervins et coucha en chambrée sous un faux nom, bien entendu, à raison de 25 centimes par nuit.

Les soupçons s'étaient portés sur un ménétrier qui avait été vu rôdant par la ville, le jour du crime, vers 4 heures du matin.

Rossignol devait se mettre en relations avec lui sans éveiller son attention. Comme cet individu, nommé Richard, jouait du violon dans les établissements publics, Rossignol pria le chef de musique de l'endroit de lui prêter un saxophone-soprano.

Muni de cet instrument, il se rendit dans un établissement situé en face du domicile de Richard et se mit à jouer.

Ainsi que l'avait pensé Rossignol, Richard vint à lui et lui proposa de s'associer avec lui : « Nous gagnerons de l'argent tous deux, dit-il. »

— Je ne demande pas mieux répondit Rossignol enchanté, allez chercher votre violon.

Et comme Richard déclarait qu'il n'avait plus de cordes, et pas un centime pour en acheter, Rossignol proposa d'en acheter avec le produit de la recette qu'il allait faire, ce qui fut accepté.

Au bout de quelques jours, Richard invita son associé à venir rendre visite à sa femme :

— Je serai content que tu dissippes ses soupçons car on lui a dit que tu étais un espion.

— Un espion, repartit Rossignol, je n'ai pourtant pas l'accent allemand.

— Pas un espion prussien, reprit alors Richard, mais un espion de la police de Paris.

Rossignol parvint à persuader le contraire aux époux Richard, qui d'ailleurs, il le reconnut, n'étaient pas les auteurs de l'assassinat.

Les cordes avec lesquelles on avait étranglé la victime provenaient d'une fabrique de Vervins.

Rossignol se fit admettre en qualité d'ouvrier dans cette fabrique où Richard travaillait, et pour détourner les soupçons, au lieu de se présenter à la fabrique où il avait été accepté sur la demande du juge d'instruction, il s'y fit présenter par Richard au directeur.

Voyant au bout de quelques jours d'un travail des plus pénibles, qu'il ne découvrirait rien dans cette fabrique, Rossignol eut une idée digne de lui.

Un individu contre lequel on n'avait que de très

légers soupçons, avait été avant l'arrivée de Rossignol, enfermé dans la prison de la ville.

Rossignol pria le juge d'instruction de donner l'ordre à la gendarmerie d'arrêter dans le pays tous les individus suspects.

Il fut naturellement arrêté l'un des premiers et refusa de faire connaître son identité.

Il fut mis au cachot pour avoir fumé malgré la défense.

Rentré dans la salle commune, il se lia avec l'individu soupçonné d'avoir commis le crime et capta si bien sa confiance que ce dernier lui remit une lettre à porter à un de ses parents le jour de sa mise en liberté.

Un gardien ayant eu vent de cette commission, prévint le juge d'instruction qui se rendit aussitôt à la prison.

Rossignol, amené devant lui, retira sa chaussure où il l'avait si bien cachée que le gardien n'avait pu la trouver, la lettre en question. Cette lettre, d'ailleurs, prouvait la non-culpabilité du prisonnier.

Rossignol n'avait plus rien à faire dans la prison. Le juge le mit en liberté, à la grande stupéfaction des gardiens, qui ne pouvaient croire qu'il fût agent de la Sûreté

Rossignol acquit, en continuant ses recherches, la presque certitude que l'assassin touchait de près la victime; mais n'ayant pu en établir la preuve matérielle, cette affaire, pour laquelle un individu avait été déjà condamné à huit ans de travaux forcés, n'eut pas d'autres suites.

Rossignol en fut pour sa peine et pour les privations qu'il avait endurées.

L'AFFAIRE PASSOT

En 1883, une dame Cazot reçut plusieurs lettres anonymes de la part d'un individu qui pensait, grâce à ses menaces, lui extorquer de l'argent. Rossignol se rendit à Coulommiers pour rechercher le maître chanteur qui, dans une dernière lettre, déclarait à madame Cazot qu'il la tuerait si, à une date fixée par lui, elle ne déposait pas une somme de 20,000 francs dans une boîte près de la porte de derrière du cimetière de Coulommiers.

Arrivés à Coulommiers, Rossignol, et Bleuze qui l'avait accompagné, se conformant à la lettre en question, placèrent une boîte à l'endroit désigné par l'auteur des lettres anonymes et exercèrent une surveillance de jour et de nuit. Le voisinage de la rivière rendait cette surveillance très pénible, car les nuits étaient des plus fraîches. L'auteur des lettres se méfiait-il, avait-il eu vent de la présence des agents ?

Toujours est-il qu'il ne vint pas s'assurer de la présence de la fameuse boîte. Rossignol et Bleuze abandonnèrent leur surveillance quelques jours après la date fixée pour le dépôt, et interrogèrent habilement les habitants du pays.

Leurs soupçons se portèrent sur un nommé Passot, ancien facteur des postes, amputé du bras droit, qui habitait Choisy-en-Brie.

Les deux agents se rendirent dans ce village et, pour détourner les soupçons, ils se munirent chacun d'un panier contenant des cadres pour photographies qu'ils offraient en vente aux habitants des villages qu'ils traversaient.

Arrivés à Choisy-en-Brie et certains, grâce aux renseignements qu'ils avaient obtenus, que Passot était bien le coupable, ils s'entendirent avec le maire du pays qui perquisitionna chez l'ancien facteur et acquit la preuve de sa culpabilité.

Passot fut arrêté, écroué à la prison de Coulommiers et condamné, le 22 mai 1883, à six mois de prison pour chantage et menaces de mort.

EN 1883

On s'était aperçu dans un cercle de Paris que, chaque jour, des pièces de vingt francs ou des jetons représentant cette somme, disparaissaient de la cagnotte. Rossignol fut chargé d'exercer une surveillance dans le cercle et de découvrir le voleur. Lorsque tous les joueurs étaient partis, Rossignol et un de ses collègues se cachaient sous la table de jeux, à l'insu du gérant et des employés, ce qui n'était pas sans péril. En effet, s'ils avaient été découverts par un employé, ils auraient été pris pour des voleurs et, en pleine nuit, l'employé qui les aurait surpris pouvait très bien, c'était son droit, se servir, contre eux, d'un revolver.

Pendant plusieurs nuits, ils restèrent à leur poste, mais sans rien découvrir. Le vol devait donc se commettre le jour. Rossignol et son collègue se cachèrent alors dans un petit réduit encombré de toutes sortes d'objets mobiliers et qui possédait une fenêtre donnant sur le cabinet du gérant. Rossignol dut passer la nuit debout sans bouger, de peur d'être surpris. Le matin, le comptable et le gérant se rendirent, munis chacun d'une clé, dans la salle de jeu, pour retirer de la cagnotte la recette de la veille.

Pendant que le comptable refermait la cagnotte, le gérant se rendait dans son cabinet et, rapidement, plongeant sa main dans la caisse où l'argent avait été versé, il en retirait une somme de 400 francs qu'il mettait aussitôt dans sa poche. Rossignol se montra. Le gérant ne pouvait nier. Il avoua que, depuis déjà longtemps, il procédait de la même façon et, pour éviter des poursuites, il remboursa spontanément une somme de 80,000 francs.

EN 1884

Au mois de septembre 1884, Rossignol se rendit dans le Pas-de-Calais pour rechercher l'auteur d'un assassinat commis dans la région.

Déguisé en ouvrier d'usine, il parcourut différents villages à la recherche d'un nommé C..., sur lequel pesaient de graves soupçons et qui, plusieurs fois arrêté, s'était toujours échappé des mains des gendarmes.

Une nuit, il aperçut son homme qui se dirigeait vers le village de Saint-Laurent, près d'Arras. Il l'arrêta et le conduisit, après une lutte assez vive, au poste de police d'Arras.

Les journaux du Pas-de-Calais adressèrent tous de vives félicitations à Rossignol au sujet de cette capture.

LE CRIME DE VINCELLES

Une petite fille, âgée de quatre ans, avait été assassinée à Vincelles (Yonne). L'assassin, quelques jours après le crime, s'était livré sur le petit cadavre aux derniers outrages. Rossignol fut mis à la disposition du parquet d'Auxerre qui le chargea de rechercher l'assassin.

Ayant entendu dire, dans un restaurant où il était entré, que des agents de Paris devaient parcourir le pays, Rossignol, pour éviter d'être connu de suite dans ce pays de 800 habitants, s'enveloppa le pied dans des linges imbibés d'alcool camphré et se rendit, appuyé sur un bâton, à Vincelles, où il se donna pour courtier en bijouterie. Il déclara qu'il s'était foulé le pied sur un rail de chemin de fer et put ainsi rester huit jours à Vincelles sans éveiller les soupçons. Il avait eu soin de se munir d'une boîte remplie de bijoux, pour mieux jouer son personnage. Pendant toute une semaine, affectant de boiter, il alla de maison en maison, offrant ses bijoux et causant avec quelques vieilles femmes, du crime qui avait produit une profonde impression dans le pays.

Il obtint ainsi bien des renseignements qu'on n'osait pas fournir à la gendarmerie par crainte d'être cité en justice.

On sait combien le paysan redoute de se trouver en présence d'un tribunal et d'un jury.

Rossignol, certain que l'assassin était un nommé Delingette, prévint le maréchal des logis de gendarmerie, qui fut fort stupéfait d'apprendre qu'il n'avait aucune foulure et qu'il n'était nullement voyageur de commerce, et se rendit à Auxerre pour fournir au parquet des renseignements très détaillés.

Delingette fut arrêté et condamné à vingt années de réclusion.

Rossignol reçut de vives félicitations. Pendant plus de quinze jours, il conserva, malgré ses efforts, l'habitude de boiter.

LE CRIME DE MARVAL

En 1885, un jeune homme, nommé Dallou, avait été assassiné, puis volé d'une centaine de francs, à Marval, une toute petite commune de la Haute-Vienne. Mis à la disposition du parquet de Limoges, Rossignol s'entendit avec le juge d'instruction et se rendit sur les lieux du crime.

Cette petite commune, située sur la limite du Périgord, est privée de tout moyen de transport. Les gendarmes n'y font que de courtes et rares apparitions, on les y craint beaucoup.

Le fils d'un meunier de l'endroit, nommé Barrière, fortement soupçonné, avait été arrêté. Rossignol se vêtit en vagabond — il avait sur le dos une vareuse de fédéré — et parcourut les environs, se livrant à une enquête approfondie, recueillant des renseignements des plus compromettants pour le meunier. Il s'agissait de provoquer les aveux de ce dernier.

Pour arriver à ce résultat, Rossignol, sous le nom de Coulon, se fit arrêter un soir à quatre heures, sur la route d'Oradour, au moment où il allait rentrer à Rochechouart.

Le juge d'instruction de ce pays, ainsi qu'il avait été convenu avec Rossignol, avait adressé à la gendarmerie l'ordre de l'arrêter. Il donnait son signalement exact et l'inculpait d'escroqueries.

Rossignol fit l'étonné, il protesta tant et si bien que les gendarmes, convaincus qu'ils avaient affaire à un malfaiteur, le conduisirent immédiatement devant le juge d'instruction de Rochechouart.

Ce magistrat fut pris, en voyant l'accoutrement de l'excellent agent, d'une telle envie de rire, qu'il ne put l'interroger et le fit écrouer séance tenante.

Le gardien de la prison, qui trouvait à Rossignol l'air d'un mauvais drôle, le traita très durement. Enfermé dans la même cellule que l'assassin présumé,

Rossignol, l'entendant appeler *le Meunier*, lui dit à brûle-pourpoint :

— Comment, c'est toi le Meunier ? J'ai beaucoup entendu parler de ton aventure.

En revenant de la foire de Chalut, j'ai traversé ton pays où l'on m'a raconté comment tu avais assassiné ton camarade.

Le meunier, sans soupçons, se laissa aller à des demi-confidences, il donna des détails très compromettants pour lui.

Après quelques jours de détention Rossignol, non sans peine, se fit donner du papier et il écrivit au juge d'instruction.

Une heure après, les menottes aux mains, il était conduit dans le cabinet de ce magistrat où il pouvait enfin, tout en lui faisant part de ce qu'il avait entendu, fumer quelques cigarettes. Son tabac lui avait été soigneusement enlevée au moment de son incarcération.

Le jour même, il était remis en liberté et le lendemain vêtu, convenablement et porteur d'un permis de communiquer avec la sœur du meunier qui était également détenue, il se présenta à la prison et se fit reconnaître par le gardien.

Ce dernier ne savait que dire. Ebahi, il regardait Rossignol pour bien s'assurer que c'était lui le Coulon de la veille, et finalement lui fit des compliments sur la façon dont il avait joué son rôle. Le maréchal-des-logis de gendarmerie ne fut pas moins stupéfait.

A la suite des renseignements fournis par Rossignol, le juge d'instruction de Rochechouart adressait au chef de la police de Sûreté la lettre suivante :

« Monsieur,

« J'ai l'honneur de vous informer que l'agent Rossignol, mis à ma disposition pour rechercher les auteurs de l'assassinat commis sur la personne du sieur Dallou, a accompli avec beaucoup de zèle la mission dont il avait été chargé. A la suite de son incarcération avec l'accusé Barrière, il m'a fourni des renseignements utiles qui peuvent aujourd'hui faire prévoir la réussite de l'affaire.

« Veuillez, etc.

« Le juge d'instruction,

« X... »

Comme on peut en juger par ce qui précède, Rossignol n'hésite jamais à s'imposer des privations et à se soumettre aux plus durs traitements quand l'intérêt de la justice est en jeu. Rossignol veut la fin, mais il sait employer les moyens.

Au mois de juillet 1886, Rossignol, après une longue et minutieuse enquête, procéda à l'arrestation de quarante individus inculpés de cent-vingt vols qualifiés, dont le plus important fut commis chez madame Ledru-Rollin. Le chef de cette bande, un nommé Dufour, dit « Gambetta », fut condamné à vingt ans de travaux forcés.

Le 4 juin de la même année, Rossignol arrêta l'anarchiste Duval qui avait incendié l'hôtel de madame

Madeleine Lemaire, rue Monceau, après avoir volé. J'ai dit en commençant la biographie de Rossignol qu'une médaille d'or lui fut accordée à la suite de cette arrestation au cours de laquelle Duval l'avait frappé de six coups de poignard qui mirent sa vie en grand danger.

Toujours en 1886, de concert avec un juge de Copenhague, Rossignol découvrit, à Paris, une fabrique de faux billets de banque danois et il arrêta le faussaire, un nommé Kohn, dans l'atelier duquel on trouva un grand nombre de billets faux et tout ce qui pouvait servir à leur fabrication.

EN 1888

Au mois de mars 1888, Rossignol fut chargé de rechercher Raftopoulos, qui avait volé chez M. Feuardent pour 500,000 francs de médailles anciennes.

Rossignol, à la recherche du voleur, fit à cette époque le voyage de Paris à Rome, aller et retour, en quatre jours.

On se souvient encore que Raftopoulos fut arrêté à Paris au moment où, revenant de voyage, il pénétrait dans sa chambre. Les agents qui avaient passé la nuit à guetter son retour, se reposant à tour de rôle sur son propre lit, ne lui donnèrent pas même le temps de se reconnaître et le conduisirent à la Sûreté avant qu'il fût revenu de sa surprise.

Rossignol retrouva les médailles volées qui furent rendues à M. Feuardent. Raftopoulos fut condamné par la cour d'assises de la Seine à cinq années de réclusion.

PAR LA FENÊTRE

En octobre 1888, Rossignol fut chargé de rechercher les auteurs d'une importante émission de fausse-monnaie.

Après quelques jours de recherches, ayant découvert à Malakoff la maison occupée en totalité par les faussaires, Rossignol en avisa M. Goron et le lendemain matin, accompagné de plusieurs agents, le chef de la Sûreté se rendit avec Rossignol à Malakoff.

Comme on se refusait à ouvrir, un serrurier fut requis, mais il ne put parvenir à faire sauter la serrure. Pendant ce temps, un grand remue-ménage avait lieu à l'intérieur de l'immeuble.

Rossignol, se débarrassant de son pardessus, se mit à grimper le long d'un tuyau de descente.

Il parvint ainsi au premier étage, brisa un carreau, ouvrit la fenêtre qu'il enjamba, et s'étant emparé des clés, il les jeta à M. Goron, qui put alors pénétrer dans la maison et arrêter la bande de faux-monnayeurs, composée de neuf personnes. Les faussaires furent presque tous condamnés aux travaux forcés à perpétuité.

Rossignol s'occupa encore du crime de la rue Labat, de l'affaire Pel et, en dernier lieu, de l'assassinat commis à Auteuil sur la personne du malheureux Bourdon par Allorto, Sellier, et leurs complices.

Il arrêta, en outre, l'anarchiste Lucas qui, au Père-Lachaise, avait tiré plusieurs coups de revolver, et blessé plusieurs personnes.

C'est également lui qui arrêta à Bordeaux le trésorier de l'Association des Journalistes, nommé Crouzet, inculpé de détournements importants.

L'AFFAIRE CARPENTIER

Enfin, Rossignol fut chargé, sur la demande du parquet du Pas-de-Calais, de rechercher un dangereux malfaiteur nommé Carpentier, qui s'était rendu coupable de nombreux vols.

Carpentier s'était retiré dans les bois après une première évasion.

Pendant de longs mois, Rossignol, travesti en vagabond, travaillant le jour, couchant dans les granges ou à la belle étoile, battit le pays à la recherche de l'introuvable malfaiteur, qui tomba enfin, après son départ, entre les mains de la gendarmerie.

Rossignol subit, à cette époque, de dures privations. Sa vie fut plusieurs fois en danger..

Le parquet du Pas-de-Calais lui adressa de chaleureuses félicitations pour son dévouement, son zèle et son infatigable ardeur.

Il faudrait un volume pour narrer cette véritable chasse à l'homme, et dire tous les tours inventés par Rossignol pour retrouver Carpentier, que sa connaissance du pays et la complicité de certains habitants auxquels il inspirait une véritable terreur, rendaient insaisissable. Carpentier fut condamné aux travaux forcés à perpétuité.

Je m'arrête, laissant volontairement de côté nombre d'affaires dans lesquelles Rossignol fit valoir ses qualités exceptionnelles et je parlerai maintenant du brigadier Prince, dont la biographie est intéressante à plus d'un titre.

LE BRIGADIER PRINCE

CE QU'EST L'HOMME

M. Prince, brigadier au service de la police de Sûreté, est un grand et bel homme brun, ne portant que la moustache, au teint légèrement basané. Toujours correctement et sérieusement vêtu, M. Prince a la tournure d'un employé supérieur de grande administration.

Très recherché dans le choix de ses expressions, d'un abord un peu froid, parlant posément, sans emphase, sûr de ce qu'il avance et très modeste cependant, M. Prince a des allures distinguées qui lui permettent de n'être déplacé dans aucun milieu.

C'est un agent très estimé, très sérieux, d'une grande discrétion, agissant vite et bien sans bruit et sans jamais se mettre en avant.

Prince a surtout une grande qualité, c'est de ne s'occuper que de lui et des affaires qui lui sont confiées, ce qui ne veut pas dire qu'il ne seconderait pas au besoin un collègue — bien au contraire —

mais il ne s'immisce jamais dans les affaires des autres, estimant avec raison que chacun voit et agit selon son sentiment et que ce qui pourrait ne pas plaire à l'un réussit fort à l'autre.

Le brigadier Prince s'est fait lui-même, il ne doit rien qu'à lui, à sa persévérance, à sa force de volonté et surtout à une conduite des plus régulières. Une grande exactitude, un grand sang-froid et un zèle qui ne s'est jamais démenti lui ont valu d'excellentes notes et l'estime de ses chefs.

M. Prince est né le 6 avril 1848, à Helstroff, sur la Nied (Moselle), petite commune annexée à l'Allemagne en 1870.

Fils de cultivateurs, il a lui-même travaillé la terre jusqu'à l'âge de dix-huit ans.

PRINCE SOLDAT

Le 11 décembre 1866, Prince contractait à la préfecture de Metz un engagement volontaire pour une période de sept années. Il était incorporé au 28ᵉ régiment d'infanterie en garnison à Nice. C'est avec ce régiment, dans lequel il avait un de ses frères sous-officier, qu'il fit la campagne contre l'Allemagne, et qu'il prit part aux combats de Gravelotte, Saint-Privas, Borny et du château de Ladonchamps où il sauva, au péril de sa propre vie, l'adjudant Collas du 28ᵉ de ligne, son régiment.

Fait prisonnier à la capitulation de Metz, le 1ᵉʳ novembre 1870, Prince, grâce à son indomptable énergie et au concours de paysans dévoués qui lui prêtèrent des vêtements, put s'évader le 12 novembre du camp retranché de Boulay.

Au mois de décembre de la même année, traqué par les gendarmes prussiens qui pourchassaient les évadés, Prince et quelques-uns de ses camarades appartenant à différentes armes, parvinrent, après de longues fatigues et de cruelles privations, à gagner à travers bois le Luxembourg.

Admirablement accueillis, ses camarades et lui, par M. de Wendel et par le consul général de France, Prince put rejoindre l'armée française à Lille, où il fut incorporé aussitôt au 91e de ligne.

SON ENTRÉE DANS L'ADMINISTRATION

Renvoyé définitivement dans ses foyers le 26 juin 1871 et placé dans la réserve de l'armée active, Prince, qui venait d'opter à la mairie du 5e arrondissement pour la nationalité française, fut nommé le 28 du même mois gardien de la paix à Versailles (service de la police municipale), aux appointements de douze cents francs.

Au mois d'août, il passait sous les ordres de M. Jarrige, officier de paix à la 3e brigade centrale, qui le chargeait spécialement du service des théâtres, bals, concerts et des courses au bois de Boulogne.

En 1874, Prince, que la chasse aux malfaiteurs attirait et qui se sentait les aptitudes nécessaires pour ce périlleux métier, en parla à M. Jarrige, qui le recommanda chaudement à M. Ansart, chef de la police municipale.

Le 1ᵉʳ septembre 1874, il était nommé inspecteur au service de la Sûreté, que dirigeait alors M. Claude.

Depuis un an, son traitement avait été porté de 1,200 à 1,300 francs, pour actes de dévouement accomplis dans son service.

Le 1ᵉʳ janvier 1877, il voyait comme inspecteur son traitement porté de 1,300 à 1,400 francs et un an plus tard, de 1,400 à 1,600 francs.

Le 1ᵉʳ juillet 1880, il était nommé inspecteur de première classe, le 1ᵉʳ avril 1882, sous-brigadier, et enfin le 21 juin 1888, brigadier aux appointements de 2,000 francs.

SES DIFFÉRENTS POSTES

A ses débuts au service de la Sûreté, Prince fut versé à la section du service central et chargé des extractions de malfaiteurs aux fins de vérification de vols commis par eux ou leurs complices et de l'exécution des mandats et jugements.

Il fut également mis à la disposition des commissaires de police de quartier, pour la recherche des malfaiteurs.

En 1875, le chef de la Sûreté le plaça à la brigade des renseignements, sous la direction de MM. Penotet, inspecteur principal, et Filleul, brigadier.

En 1878, il fit partie de la brigade dite « brigade de fer », placée sous l'habile direction de MM. Melin et Colliaux, inspecteurs principaux, et Gaillarde, sous-brigadier, qui, depuis, a fait son chemin.

Cette même année, il fut chargé, avec son collègue Bleuze, de rechercher, à Rotterdam, deux malfaiteurs français inculpés d'abus de confiance et de faux pour une somme de 60,000 francs.

Il prit également part à l'arrestation, à Neuilly, de la famille Barrault, inculpée de fabrication de faux billets de 100 francs de la Banque de France.

Toujours en 1878, il passa à la brigade des pièces de justice, sous la direction de MM. Droz, inspecteur principal, et Boiton, brigadier.

J'ai dit déjà combien ce travail exige d'énergie, de sang-froid et de rapidité dans l'exécution des mandats. Je n'ai pas besoin d'insister sur les périls courus par les agents de ce service qui, le plus souvent, se trouvent absolument seuls en face de redoutables adversaires déterminés à tout pour éviter de se laisser arrêter.

Placé par M. Macé à la brigade spéciale au moment où il fut nommé sous-brigadier, Prince a coopéré à près de 2,000 arrestations de malfaiteurs de toutes catégories.

Je n'ai donc pas la prétention de les relater toutes; j'indiquerai les principales et le lecteur pourra se rendre compte de la valeur de l'excellent agent que je lui présente aujourd'hui.

GRAVES BLESSURES

En 1879, un individu dont l'on me saura gré de taire le nom (il serait trop content qu'on parle encore de lui, car il existe), s'était établi aux environs de Paris et y avait fait de nombreuses dupes. Dénoncé au parquet, il quitta clandestinement la localité dont le séjour lui était devenu impossible et transporta ses bureaux à Paris.

Tant à l'aide de réclames insérées dans les journaux, que par l'intermédiaire des bureaux de placement, il demanda des employés à cautionnement auxquels il se chargeait de procurer des places fort bien rétribuées.

Les candidats furent nombreux et notre homme empocha de fortes sommes. Il y a tant et il y aura toujours tant de gogos! inutile d'ajouter que les places promises ne vinrent jamais et que ceux qui avaient versé leur argent, s'étant aperçu, mais un peu tard, qu'on les avait volés, se jurèrent bien de ne plus se laisser prendre à de si belles promesses et portèrent plainte au parquet de la Seine.

Des mandats furent lancés par le Parquet de la Seine et par celui du pays d'où l'escroc s'était enfui. Prince fut chargé de l'exécution de ces mandats avec plusieurs de ses collègues.

Les recherches furent longues et difficiles ; notre homme était très fin et c'était précisément quand on croyait le tenir qu'on le tenait le moins.

Cependant, Prince ayant appris que l'escroc qu'il recherchait passait journellement dans une rue des plus fréquentées, établit une surveillance à l'endroit désigné, et, le jour même, il aperçut son homme escorté de deux de ses amis, qui s'assurait avant de sortir d'une maison que la rue était sûre pour lui.

Prince se dissimula de son mieux et le suivit, espérant trouver un agent sur sa route, mais à un moment donné, craignant de perdre sa proie, il se présenta hardiment et sans songer au danger qu'il pouvait courir, étant donné l'individu, lui mit la main au collet et se disposa à le conduire au poste. Un moment interloqué, l'escroc recouvra vite sa présence d'esprit, il donna un croc-en-jambe à Prince qui perdit l'équilibre et roula sur le sol.

D'un bond Prince se remit sur pieds et bientôt il rattrapait le fuyard contre lequel il dut engager une lutte acharnée jusqu'à l'arrivée des agents.

Prince, frappé par son prisonnier et par les deux individus qui l'accompagnaient, se releva dans un état lamentable. Il dut prendre le lit et y rester pendant plus de trente jours. A la suite des coups de pied qu'il avait reçus dans l'estomac et dans le bas-ventre et d'un abcès formé à l'intérieur, une péritonite s'était déclarée qui mit ses jours en très grand danger. Grâce à sa vigoureuse constitution, Prince qui pourtant se ressent encore quelquefois des coups qu'il a reçus échappa à la mort et put reprendre son service. Il reçut au sujet de cette périlleuse arrestation de vives félicitations et une gratification qu'il avait bien méritée.

EN 1882

En 1882 et pendant l'hiver de 1883, une bande composée de plus de quarante individus, dirigée par un nommé Robert Arcier, dévalisait les maisons de campagne et les commerçants de la rue du Sentier à Paris. Ces hardis coquins descellaient les coffres-forts et s'emparaient de leur contenu; ils incendiaient les églises quand ils n'avaient pu y voler une somme suffisante et ils mirent notamment le feu à l'église de Joinville-le-Pont, dont les dégâts furent estimés 40,000 francs.

Tous ces gredins, parfaitement armés, terrorisaient les habitants de la banlieue.

Au cours d'une expédition dirigée contre eux, leur chef, Arcier, fut capturé. M. Mercier, juge, fut chargé de l'instruction de cette affaire.

Prince, mis à la disposition de ce magistrat, fut chargé de rechercher les complices d'Arcier qui s'était absolument refusé à les désigner.

Une idée lui vint. Il se fit autoriser à visiter Arcier dans sa cellule, à Mazas, lui porta quelques cigarettes, en un mot sut si bien capter sa confiance qu'au bout de quelques jours le misérable lui désigna tous les membres de la bande qu'il dirigeait.

Arcier se vengeait de l'abandon de ses complices

qui depuis son incarcération ne lui avaient plus donné signe de vie.

En moins d'un mois trente individus furent arrêtés et soixante vols qualifiés purent être établis à leur charge par la suite.

Arcier fut condamné aux travaux forcés à perpétuité et la plupart de ses complices soit à la réclusion, soit aux travaux forcés à temps.

Par son adresse, par sa patience et sa force de volonté, Prince avait su faire parler un bandit qui n'aurait certainement jamais rien avoué à l'instruction.

Je ne parlerai que pour mémoire du crime de la rue Bourdaloue, que j'ai conté tout au long dans la biographie de M. Bleuze.

Le brigadier Prince collabora aux recherches et à l'arrestation de Roulet, l'assassin, et reçut à cette occasion, sur la demande de M. Macé, chef de la Sûreté, une gratification bien méritée.

EN 1883

Des malfaiteurs dérobaient, le 5 avril 1883, sur un camion de la Compagnie des chemins de fer de Lyon qui stationnait rue Vivienne, un coffret destiné au Crédit Lyonnais, contenant pour 49,000 fr. d'obligations diverses.

Toussaint, le conducteur du camion, ne put fournir aucun renseignement à la justice. Pendant un mois Prince, secondé par les agents Moser et Obermeyer, se livra à d'actives recherches qui n'amenèrent aucun résultat. Un jour, Prince se rendit à la Bourse et il apprit que des courtiers véreux offraient en vente depuis déjà quelques jours, des titres frappés d'opposition.

Il fit surveiller les individus signalés et acquit bientôt la certitude qu'il se trouvait en présence d'une vaste association s'occupant de négocier les titres volés que lui procuraient les malfaiteurs.

Un des membres de cette association fut arrêté sur ces entrefaites chez un changeur du quartier de la gare du Nord, où il avait essayé de se défaire de plusieurs obligations provenant du vol de la rue Vivienne.

Il devait remettre le produit de la vente à un autre affilié qui l'attendait chez un marchand de vin du voisinage.

Cet individu, nommé Edouard Boyer, fut aussitôt arrêté. Il alla rejoindre son complice Auguste Marchal arrêté chez le changeur, au Dépôt.

Prince continua ses recherches et grâce aux renseignements obtenus il arrêta en huit jours douze individus complices des deux premiers : Puissant de Suzainecourt, Bloch, Marjet, René Duval, Laurenti, Juit, Clément Labonne, Michel, Isaac, Jacques, Pinguet et Buquet qui ainsi que Marchal et Boyer, furent condamnés à des peines variant de 4 mois à trois ans de prison.

LE VOL DE LA RUE DE LISBONNE

M. Frémy, demeurant 28, rue de Lisbonne, en rentrant chez lui un jour du mois d'août 1883, constata la disparition d'une somme de 28,000 francs en billets de banque, contenue dans un secrétaire dont il portait cependant toujours la clef sur lui.

Le meuble ne portait aucune trace d'effraction.

M. Frémy crut tout d'abord qu'il avait par mégarde placé la liasse de billets dans un autre endroit ; ses recherches furent vaines et il prévint M. Macé, chef de la Sûreté, qui chargea Prince de faire une enquête et de retrouver le voleur.

En dehors de Pierre Devienne, son valet de chambre, en qui il avait toute confiance, M. Frémy occupait deux autres domestiques et un cocher.

Dès que le vol fut connu, Devienne laissa entendre à son maître que le coupable pourrait bien être un des trois autres domestiques, qu'il désigna.

Prince surveilla les agissements de ce domestique, et il acquit bien vite la certitude qu'il n'était pas le voleur.

L'attitude de Devienne avait fait naître chez Prince des soupçons qu'il communiqua à M. Frémy. Chaque fois qu'il se présentait à l'hôtel, Prince avait remarqué que le valet de chambre se troublait et il l'avait surpris notamment écoutant à la porte du salon sa conversation avec son maître.

M. Frémy ne voulut pas croire à la culpabilité de Devienne qui lui avait été chaudement redemandé et qui, avant d'entrer à son service, avait été placé chez deux généraux.

Prince cessa ses recherches, mais au mois de novembre suivant, M. Frémy le fit redemander et lui confia que des tapis de Chine qu'il possédait avaient disparu.

De nouvelles recherches furent faites par Prince qui apprit que Devienne avait fait emballer par des voisins, au mois de mars précédent, 230 bouteilles de vins fins, volés dans la cave de son maître, qu'il avait expédiées à Romans, dans sa famille.

Prince se rendit au bureau d'expéditions de la rue Saint-Lazare, et trouva trace de cet envoi, ainsi que de l'envoi d'une caisse contenant de la vieille vaisselle et des tapis.

Aussitôt arrêté, Devienne avoua le vol des bouteilles de vin et des tapis mais il nia énergiquement le vol des 28,000 francs.

Quelques jours plus tard, M. Frémy recevait un paquet sans indications d'expéditeur et contenant 18,000 fr. en billets de banque.

Ce paquet avait dû être porté par un complice de Devienne, arrêté puis remis en liberté au cours de l'instruction.

M. Frémy retira sa plainte et Devienne en fut quitte pour quelques semaines de prévention, mais Prince ne s'était pas trompé et, sans lui, M. Frémy ne revoyait jamais un centime de la somme volée.

EN 1884

Prince fut chargé en 1884 de rechercher une dizaine d'individus qui, armés de revolvers et de poignards, dévalisaient les maisons de campagne, stupéfiant les habitants par leur incroyable audace.

A la suite d'une tentative de vol avec effraction, commise pendant la nuit du 30 mai, chez M. Roudeau, fondeur en bronze, 12, passage Saint-Pierre-Amelot, un nommé Soussotte dit le *pharmacien*, avait été arrêté.

Habilement interrogé par Prince, cet individu lui fournit de précieuses indications et grâce aux recherches de l'agent Harpillard, du 10 au 13 juin suivant, Prince mettait entre les mains de la justice, les nommés : Humbert, Lorey Zelia, Lefèvre, Lestas, Antonio, Guerault Armondène, Goudot, Renault, Battut et Guillinsk, ce dernier, sujet belge, brocanteur, rue Rodier, chez lequel on découvrit une véritable collection d'objets de toutes sortes provenant des vols commis par la bande.

Ces hardis malfaiteurs, qui furent condamnés aux travaux forcés ou à la réclusion, avaient établi leur repaire à Clichy, dans une baraque de saltimbanques.

Une perquisition y fit découvrir tout un attirail d'outils, leur ayant servi à fracturer les portes et les meubles.

Pendant la même année, Prince rechercha un

nommé Mallet, dit « Liche-ta-Morve », qui dans la nuit du 23 octobre, avait tué, à coups de canne plombée, un jeune homme de vingt ans, nommé Alexandre Richer, demeurant 8 bis, passage du Poteau, et gravement blessé le camarade de la victime nommé Henri Guillot.

Après de longues et patientes recherches, Prince arrêta l'assassin en janvier 1885, au milieu d'une quarantaine d'autres souteneurs, dans un établissement du boulevard de Belleville.

Mallet opposa une résistance désespérée, se sentant soutenu par ses acolytes, et Prince ne dut de n'être pas assommé qu'à l'arrivée de plusieurs gardiens de la paix.

Mallet fut condamné à cinq années de réclusion.

EN 1885

M. de Saint-Martin, demeurant 30, rue des Poissonniers, regagnait, le 25 janvier 1885, son domicile, lorsqu'en passant vers minuit, rue Rochechouart, il fut assailli par une bande d'individus pratiquant le coup du « *Père François* » qui tentèrent de l'étrangler.

Prince fut chargé de cette affaire.

N'ayant absolument aucune indication sur les auteurs de cette tentative criminelle, Prince fit des recherches aux Halles, place Maubert, au Château-Rouge et à Montmartre, dans tous les établissements où il savait que les individus capables de commettre les attaques nocturnes se réunissaient d'ordinaire.

Grâce à son habileté, grâce aussi au hasard qui se mit de la partie, Prince, aidé de Paris, un agent fort intelligent, de Bourlet et de Moser, captura toute la bande composée de six individus ayant des surnoms bizarres : Poupon, dit « la Terreur des Halles »; Thuilier, dit « la Reine des Boulevards »; Dupont, dit « la Princesse »; Delage, dit « la Mère Mathieu »; Hervieu, dit « la Duchesse de Berry », et Rafoil, dit « Ratapoil ».

L'enquête à laquelle Prince se livra à la suite de ces arrestations lui permit d'établir que, non seulement ces gredins étaient bien les auteurs de la tentative d'assassinat commise sur la personne de M. de Saint-Martin, mais encore les auteurs de nombreux vols avec effraction.

Au mois de février de la même année, Prince découvrit et arrêta en moins de trois jours les nommés Torta, Cantini, Blangio, Delavallo et Maessio, sujets italiens, qui avaient tué, place des Juifs, d'un coup de couteau catalan, un jeune conscrit nommé Christien, demeurant 14, rue de la Verrerie, qui regagnait son domicile en compagnie de sa maîtresse et d'un camarade.

Prince et son collègue Charpentier qui l'avait secondé dans ses recherches reçurent de vives félicitations de leurs chefs et de M. Berlioz, commissaire de police, pour la rapidité avec laquelle ils avaient conduit cette affaire.

Au mois de février 1885, madame veuve Sacksteder, marchande de vins, 133, boulevard de Grenelle, était victime d'un vol avec effraction. 12,000 francs de titres et des bijoux lui avaient été dérobés.

Prince surveilla le monde des souteneurs et sut bientôt que quelques-uns d'entre eux se livraient à des dépenses exagérées.

Il se fit délivrer des mandats par M. Frémont, juge d'instruction, et à la fin de mars, c'est-à-dire moins d'un mois après le crime, il arrêtait les nommés : Tiercelin, Wagmeester, Imbert, Ruet, Leseur, Rousselet, Muller, Moulin, Huez, Ansiaux, Cochet, Wilquet, Monier, Piert, Calle et Couturier aux domiciles desquels on découvrit quantité de fausses-clefs, limes, pinces, poignards, revolvers et de bijoux. Les titres volés chez madame Saksteder furent tous retrouvés chez un changeur de la rue de Rivoli où Moulin les avait négociés.

Sur les indications d'une jeune femme, morte en juin 1885, à la Maternité, des suites de couches, Prince se livra à des recherches qui amenèrent l'arrestation d'un herboriste du faubourg Saint-Honoré, qui, aidé de sa femme et de sa maîtresse, se livrait à des manœuvres abortives, sur les jeunes femmes qui s'adressaient à lui, pour faire disparaître les suites d'une faute.

L'herboriste nommé Soulié fut forcé, en présence des renseignements recueillis par Prince, d'avouer.

Il fut condamné à vingt ans de travaux forcés.

LE CRIME DE LA RUE SAINT-DENIS

Le 12 septembre 1885, M. Veillard, fabricant de cannes à pêche, demeurant 253, rue Saint-Denis, fut trouvé assassiné dans sa cave, la tête écrasée, réduite en bouillie.

Dans la maison, personne n'avait rien entendu, et ne pouvait fournir le moindre renseignement.

Prince fut chargé de cette affaire. Il s'adjoignit Bourlet, Paris et Perron, et commença ses recherches.

La façon dont le crime avait été commis donnait à penser que l'assassin était fort au courant des lieux et des habitudes de la victime. Plusieurs ouvriers furent même soupçonnés, pendant quelque temps.

Prince interrogea toutes les personnes qui avaient été en relations avec M. Veillard, mais en vain; aucun indice de nature à diriger ses recherches ne put lui être fourni.

Il commençait à désespérer de découvrir jamais l'assassin, lorsqu'il apprit qu'un cousin de la victime, qui venait d'acheter un fonds de commerce, n'avait pu établir d'une façon bien nette l'emploi de son temps pendant la nuit où le crime avait été commis.

Se croyant enfin sur les traces de l'assassin, Prince en avisa le Parquet, mais il dut reconnaître à la suite de l'enquête à laquelle il se livra que le cousin de M. Veillard était innocent. Il sut cependant que la victime avait recueilli chez elle un petit cousin nommé Coutin et il s'enquit de ce qu'était devenu le jeune homme.

Les renseignements qu'il obtint furent déplorables. Le lendemain du crime notamment, on avait vu Coutin vêtu de neuf.

Prince découvrit son adresse rue Bisson, y établit une souricière et à quatre heures de l'après-midi, Coutin était arrêté.

Il nia énergiquement et déclara que le soir où le crime avait été commis, il s'était couché à neuf heures, ce qui fut reconnu faux. Prince apprit au contraire que quelques instants après le crime, c'està-dire vers 9 heures du soir, Coutin, passant boulevard Sébastopol, avait arrêté une voiture de la compagnie l'Urbaine, dont il connaissait le cocher, un nommé Lefèvre et que, sur l'invitation de ce dernier, il était monté à côté de lui sur le siège.

— Tu ne travailles donc pas, lui avait demandé Lefèvre.

— Non, pas ce soir, avait répondu Coutin, je suis allé rendre visite à mon cousin de la rue Saint-Denis, et j'ai dîné chez lui, très bien dîné même.

Le doute, dès cet instant, n'était plus permis. De plus, Bourlet, sur les indications de Prince, retrouva chez un chapelier du boulevard Ménilmontant le chapeau que Coutin portait le soir du crime et qu'il avait laissé chez ce chapelier où il avait fait emplète d'une casquette.

Ce chapeau était taché de sang. On retrouva également chez madame Cholet, blanchisseuse, boulevard de la Villette, un pantalon également taché de sang que Coutin portait le soir du crime et qu'il avait donné à laver, dès le 13 septembre, c'est-à-dire le lendemain du meurtre, espérant ainsi faire diparaître toute trace de son forfait.

Peu s'en est fallu d'ailleurs que cette preuve accablante ne disparaisse, car la blanchisseuse se disposait à laver le vêtement accusateur au moment où Prince se présenta chez elle.

Une autre preuve encore de la culpabilité de Coutin, devait détruire ses dénégations intéressées.

L'assassin, son crime accompli, avait sous l'empire d'un besoin naturel, déposé une ordure à côté même du cadavre. Des grains de raisin étaient mêlés aux excréments.

Prince se fit indiquer par Coutin sans défiance l'endroit où il avait déjeuné le jour du crime et s'y rendit. M. Masson, restaurateur, rue Bisson, déclara que Coutin avait en effet mangé du raisin comme dessert et son garçon se rappela fort bien l'avoir servi.

Enfin le marteau qui avait servi à broyer la tête du malheureux M. Veillard et qui fut retrouvé caché derrière des joncs, appartenait à un ouvrier de la Compagnie l'Urbaine, auquel Coutin l'avait volé pendant qu'il travaillait en qualité de palefrenier pour le compte de cette Compagnie.

Prince apprit encore que le lendemain du crime,

Coutin, ayant rencontré un de ses amis, lui avait demandé s'il n'avait rien lu dans les journaux le concernant. Or, à ce moment, aucun journal ne parlait encore du crime qui venait à peine d'être découvert.

De plus, en 1883, Coutin qui sortait de prison avait proposé à deux de ses camarades de faire avec lui ce qu'il appelait « le coup de l'oncle » et les conduisit même, à cette époque, rue Saint-Denis, pour leur prouver combien il était facile de pénétrer dans la maison sans être vu.

Malgré toutes ces preuves, malgré les dépenses auxquelles il s'était livré le lendemain du crime et bien qu'il lui ait été impossible d'indiquer la provenance de l'argent qu'il avait dépensé, Coutin nia jusqu'au bout.

En cour d'assises, il accusa de mensonge tous les témoins qu'il déclara payés par la police pour le perdre.

Le misérable n'en fut pas moins condamné aux travaux forcés à perpétuité.

LA « BANDE NOIRE »

Tout le monde se souvient encore des exploits de la fameuse « Bande Noire » qui causa la ruine de tant de négociants en vins.

Prince eut à s'occuper de cette vaste association de filous composée de courtiers véreux, de concierges, d'agents de renseignements, d'anciens commerçants faillis et même de certains commerçants jouissant d'une bonne réputation commerciale. Les membres de cette bande étaient au nombre d'environ 3,000, qui exploitaient les gros vignerons, les négociants de province et le commerce parisien en tous articles, mais plus spécialement le commerce des vins, des huiles et des produits alimentaires.

Cette association, qui s'appelait la « Bande Noire », était aussi connue sous le nom de « Faisanderie ».

Les affiliés s'appelaient entre eux les « Frères de la Cote » ou « Frères de la Flotte ».

Tous se connaissaient. L'association était divisée en quatre fractions bien distinctes que j'énumérerai aussi succinctement que possible, en conservant les termes techniques employés par les affiliés pour se désigner.

Ces quatre sections, se décomposant de la façon suivante, comprenaient :

Dans la première fraction : les « fusilleurs » ou « gros faisants », qui sont « au sac » — c'est-à-dire qui ont quelque argent — et travaillent au « coup de fusil », ce qui signifie : acheter à 90 jours et revendre aussitôt avec l'intention de ne pas payer le fournisseur.

Dans cette catégorie étaient compris les négociants patentés jouissant à première vue d'une bonne réputation.

Dans la deuxième fraction : Les « faisants » et les « petits faisants », c'est-à-dire les marchands de vins, épiciers, cafetiers, marchands de confections, couturières, etc., qui se passaient et repassaient entre eux les marchandises livrées à crédit, quand ils ne trouvaient pas un « gogo » à qui céder leur fonds quelques jours avant l'époque du paiement des marchandises.

Dans la troisième fraction, les courtiers, représentants en tous articles, dits « à la commission » ou « à la double commission ».

Toujours à l'affût des nouvelles maisons, ils touchaient la commission allouée par la maison à laquelle ils adressaient des commandes, et une autre commission bien plus forte payée par les « faisants » auxquels ils parvenaient à faire livrer.

Enfin, la quatrième fraction comprenait : les agents de renseignements et les vendeurs de fonds de commerce. Les premiers aidaient par les faux renseignements qu'ils donnaient à la délivrance des commandes, moyennant une prime dissimulée sous le titre d'abonnement à un carnet de fiches de renseignements qui ne devait jamais servir.

Les seconds se chargeaient de faire acheter par des naïfs les fonds des « faisants » complètement « brûlés » chez lesquels il n'était plus possible d'obtenir la moindre livraison.

Voici maintenant comment les affiliés de la « Bande Noire » opéraient.

Les courtiers ou représentants, après s'être procuré les marchandises chez les gros fabricants de province, mettaient ces derniers en relations avec les agents de renseignements faisant partie de l'association.

Aussitôt les renseignements fournis, et toujours favorables, les courtiers visitaient les petits « faisants » et faisaient « tomber la camelotte », c'est-à-dire faisaient livrer la marchandise que l'on revendait à peine arrivée en gare, à vil prix, mais au comptant, aux « gros faisants » et aux « fusilleurs » qui se chargeaient de l'écoulement définitif.

Le bénéfice du courtier et du petit commerçant était des plus modestes, mais la multiplicité des affaires finissait cependant par donner un résultat satisfaisant.

Inutile d'ajouter que l'expéditionnaire voyait régulièrement ses traites impayées et qu'il ne pouvait pas même en poursuivre le remboursement, le destinataire ayant disparu à temps et s'étant établi dans un autre quartier et sous un autre nom pour continuer ses exploits.

Un certain nombre de concierges, affiliés à la « Bande Noire », fournissaient moyennant une prime, d'excellents renseignements sur des locataires insolvables ou même imaginaires.

Ils acceptaient en outre la livraison des marchandises qui, à peine déposées sur le trottoir, étaient enlevées par la « Bande Noire ».

Plusieurs concierges ont même trafiqué pour leur propre compte, et dans un seul immeuble du boulevard de la Villette il a été livré, en un seul mois, 320 pièces de vins que le concierge a acceptées à des noms supposés.

Toutes ces pièces de vins ont été revendues à vil prix à des « fusilleurs ».

A cette époque, un gros vigneron du Midi avait livré, sur la foi des renseignements fournis, pour 500,000 fr. de vins représentant non seulement sa récolte, mais encore celle de ses amis, aux membres de la « Bande Noire ».

Les traites qu'il avait tirées sur ses nouveaux clients lui revinrent, bien entendu, toutes impayées avec la mention « parti sans adresse » ou même « inconnu ».

Le malheureux, complètement ruiné, vint à Paris et se mit à la recherche de ses débiteurs, lire de ses voleurs. Ses recherches furent vaines. Mis en faillite par ses créanciers qui n'avaient pas cru tout d'abord au vol dont il était victime, le pauvre diable se suicida dans une chambre d'hôtel à Paris, pour éviter le déshonneur.

Cependant les plaintes affluèrent de toutes parts. Les parquets de province et de la Seine s'émurent et M. Frémont fut chargé d'ouvrir une enquête. Ce magistrat se consacra tout entier à la recherche des coupables et Prince fut mis à sa disposition ayant sous ses ordres les agents Bourlet, Wahbn, Paris, Obermeyer, Demongeot, Low et Harpillard.

Etant donné la facilité avec laquelle les voleurs changeaient de nom, les recherches furent longues et pénibles.

Prince, à force de patience et de ruses, se mit en relations avec certains membres connus de cette association, mais moins compromis que les autres, les délits dont ils s'étaient rendus coupables n'ayant pu être suffisamment établis, et leur inspira une telle confiance qu'ils n'hésitèrent pas à lui indiquer l'organisation de l'association.

Grâce aux renseignements qu'il obtint de cette façon, Prince, aidé des agents dont j'ai donné les noms plus haut, arrêta en moins de six mois environ cent cinquante « Frères de la Côte », dont quelques-uns furent, à l'issue de l'instruction, mis à la disposition des parquets de province où ils eurent à répondre des délits d'escroquerie et de banqueroute.

Les principaux inculpés se nommaient Jules Colson, Lyonnet, Lage, Normand, Gall, Passet, Lacroix, Hugonnet, Maygret, Laurence, Mignon, etc., etc.

Mademoiselle de Palma, une horizontale de grande marque, fort connue dans les quartiers de l'Opéra et des Champs-Elysées, fut certainement et à juste titre, considérée comme une des complices les plus compromises en cette affaire.

Les négociants volés ne rentrèrent pas, il est vrai, en possession de leur bien, mais au moins ils purent, dans la suite, prendre leurs précautions. Combien, hélas ! durent cesser leur commerce.

M. Frémont adressa à Prince une lettre de félicitations pour la patience et l'habileté déployées par lui dans ses recherches couronnées de succès.

Le chef de la police municipale lui fit remettre une gratification.

Tous les coupables ne furent pas arrêtés, qui sait

d'ailleurs jusqu'où il eût fallu remonter pour les connaître tous, à quels obtacles on se serait heurté, et quel scandale on eût soulevé.

LES TRENTE-DEUX NOMS D'UN ESCROC

Un audacieux malfaiteur qui se faisait appeler tour à tour : Bergmans, Vandebere, Bidoux, Adam, Gérard, Cottin, Delacroix, Auvray, de Sablé, Rattier, Clément, Aubray, Lunel, Reiser, Dubray, Mercier, Lubin, Dulac, Morin, Martin, Simard, Thirard, Lefort, Stevens, Depuis, Vasseur, Vincent, Hubin, Perrin, Morel, Lecomte et Augué, avait commis, en 1886, de nombreuses escroqueries à l'aide de faux, au préjudice des Compagnies de chemins de fer de Lyon, d'Orléans, de l'Ouest et de l'Est, et au préjudice de fermiers et négociants en grains de province.

Le chiffre des escroqueries, commises en l'espace d'un an par cet individu sous les noms que je viens d'indiquer, se montait à 150,000 francs. De nombreuses plaintes avaient été déposées au Parquet. Notre homme opérait de la manière suivante: après avoir relevé dans le Bottin les noms des cultivateurs ou négociants de province qu'il choisissait pour victimes, il leur adressait par lettre des commandes de grains, farines ou fourrages à livrer contre remboursement.

Les négociants s'empressaient de satisfaire un client qui devait payer au comptant et mettaient en route la marchandise commandée.

Aussitôt avisé de l'envoi, l'escroc se rendait dans la ville où devait se faire l'expédition et muni de fausses lettres qu'il fabriquait lui-même, il se présentait au chef de gare pour l'informer que l'expéditeur ayant changé d'avis d'un commun accord avec le destinaire, la livraison devait se faire sans exiger le paiement.

Le chef de gare, sans défiance, classait la lettre d'avis dans le dossier et la livraison avait lieu contre l'unique paiement des frais de transport. Bien entendu, l'expéditeur se présentait quelques jours après pour toucher le montant de sa facture, le chef de gare lui mettait alors sous les yeux la lettre faussement signée de son propre nom et finalement la Compagnie devait rembourser.

L'homme aux trente-deux noms continuait ses exploits en toute sécurité et les plaintes succédaient aux plaintes.

Prince fut chargé de rechercher ce hardi voleur. Il parcourut Paris et la banlieue et grâce à sa patience, à son habileté, il finit par apprendre que l'auteur de tant de vols était un nommé Gogué, repris de justice des plus dangereux, ayant déjà subi sept années de réclusion.

Il acquit la preuve que c'était bien lui qui, sous tant de noms, avait commis les vols en question.

Gogué se sachant recherché avait pris la fuite. Prince se remit en campagne, il sut bientôt que sous le nom de Auguet, un individu s'était fait expédier un mobilier à destination de Lyon.

12.

Prince, grâce à certains renseignements obtenus, pensa qu'Auguet pouvoit bien n'être que Gogué.

Des recherches demeurées sans résultat furent ordonnées à Châlons-sur-Saône, Mâcon et Lyon.

Prince ayant appris dans l'intervalle que Gogué avait écrit plusieurs lettres datées de Lyon ou de Mâcon à un de ses amis de Paris, se rendit à Mâcon puis à Lyon où il découvrit enfin, après de longues et fatigantes recherches, l'adresse de Gogué, 53, rue Victor-Hugo.

Secondé par M. Clary, inspecteur de la Sûreté de Lyon, Prince mit en état d'arrestation l'audacieux escroc qui opposa une résistance désespérée.

Gogué fut conduit à Paris où ses nombreuses dupes eurent la satisfaction de l'entendre condamner à vingt ans de travaux forcés et à la relégation perpétuelle.

UN « CHEVAL DE RETOUR »

A la suite de nombreux vols importants de bijoux et d'obligations, commis avec effraction, au cours de l'année 1886, notamment chez mademoiselle Reyper, 43, rue des Couronnes, chez MM. Halphen, fabricant de pianos, rue de Thorigny, et Chevalier, marchand de vins, Prince fut chargé par M. Taylor, chef de la Sûreté, d'opérer des recherches et de découvrir les auteurs de ces vols.

Après quinze jours de surveillance exercée en compagnie des agents Lasserre et Mansuy, dans les établissements borgnes de La Villette et de Belleville, les voleurs, au nombre de douze, tous souteneurs de la plus dangereuse espèce, étaient capturés. Les principaux d'entre eux se nommaient Liqueun, Ruissel frères et Coudray.

Le chef de la bande, un nommé Magne, véritable « cheval de retour », avait déjà subi, sous divers faux noms, vingt-huit années de prison à Melun, Poissy, Gaillon et Loos, pour vols qualifiés et recel.

Au moment où il fut arrêté il se trouvait même sous le coup d'une condamnation par contumace à douze années de travaux forcés pour attaque à main armée.

Magne connaissait toutes les rouéries, c'était de plus le type de voleur le plus complet, le plus parfait, ayant mille et mille tours dans son sac.

Tout le produit de ses vols était engagé au Mont-de-Piété sous de faux noms. Grâce à sa tournure très correcte et à une patente qu'il avait trouvé moyen de se procurer, il n'avait jamais éveillé l'attention des préposés aux engagements qui le prenaient pour un négociant honorable.

Lorsqu'on le fouilla en arrivant à la Sûreté, on le trouva nanti d'une collection des plus complètes de reconnaissances.

Ses poches étaient pleines de bijoux de toutes sortes, enfin dans la chaussette du pied gauche, il avait pu glisser en route pour 300 francs de pièces en or.

Après avoir volé mademoiselle Reyper, Magne,

avec une audace invraisemblable, se présenta chez elle et se fit passer pour un inspecteur au service de la Sûreté. On pense s'il fut bien accueilli. Il accompagna sa victime chez les changeurs et chez les banquiers sous prétexte de rechercher les numéros des obligations volées. Bref, il capta si bien la confiance de la malheureuse qu'il lui fit modifier, sans qu'elle ait eut le temps de s'en rendre compte, l'opposition qu'elle avait formée, ce qui lui permit de négocier les titres qu'il lui avait soustraits.

La dernière fois qu'il sortit avec mademoiselle Reyper, Magne, qui sentait bien que le pot aux roses finirait par se découvrir, tenta de compromettre la pauvre femme, espérant ainsi obtenir son silence. Il glissa dans sa poche un porte-monnaie en ivoire provenant d'un vol, et ne reparut plus.

Mademoiselle Reyper comprit enfin, mais hélas beaucoup trop tard, qu'elle avait eu affaire à un hardi coquin.

Une fois en prison, Magne simula la folie de telle façon que les médecins ordonnèrent son transport à Charenton d'où il s'évadait trois jours après en sautant un mur.

Magne, en retombant dans la rue, se brisa la jambe.

Un fiacre vint à passer, il appela le cocher à son aide et lui raconta une histoire, si lamentable que l'automédon, pris de pitié, le conduisit où il voulut.

Cependant, Prince s'était mis à la recherche du fugitif qu'il découvrit bientôt et qui dut, se soutenant avec des béquilles, réintégrer sa cellule à Mazas.

Quelques jours avant son arrestation, Magne avait commis, pendant la nuit, un vol de 2.000 francs chez une charbonnière de la rue Lauzun.

En possession de l'argent, il avisa un malheureux auquel il offrit à boire. Il le grisa, et le transportant dans le couloir de la maison occupée par la charbonnière, il le coucha sur un matelas, le laissant ainsi cuver son vin tout à l'aise.

Au petit jour le vol était découvert. Magne, qui se tenait aux aguets, courait chercher des agents et faisait arrêter l'ivrogne qui, malgré ses protestations désespérées, fut envoyé au Dépôt jusqu'à plus ample informé.

On comprendra facilement combien Pince fut obligé de déployer de finesse et d'user de patience pour mettre enfin la main sur un gaillard de cette trempe.

EN 1886

L'administration des postes informa le service de la Sûreté, au mois de novembre 1886, qu'une grande quantité de faux timbres-poste parfaitement imités étaient mis en vente dans la plupart des bureaux de tabac de Paris.

Prince commença aussitôt ses recherches, et en quelques jours il parvint à se procurer le signalement des individus qui écoulaient les timbres faux. En moins de deux mois, grâce à son incroyable activité, aidé des agents de Demangeot, Wahln, Charpentier,

Vautrin et Harpillard, il captura les coupables au nombre de douze, dont les principaux se nommaient Genty dit Renard, Cuisinot et Cabaret.

Le matériel servant à la fabrication fut découvert, sur les indications fournies par Prince, 28, rue Manin. Le restant des timbres non écoulés fut retrouvé chez Cabaret, rue Doudeauville, ainsi que la machine ayant servi à piquer les timbres.

VOL AU CONSULAT DE VENEZULA

Au mois de mai 1887, des malfaiteurs s'étaient introduits nuitamment, à l'aide d'effraction, dans les appartements de M. Darnos Parejo, consul général des Etats-Unis du Venezuela, 43, boulevard Malesherbes, et y avaient dérobé pour environ 45,000 fr. de bijoux, d'argenterie, etc.

Prince fut chargé de procéder à des recherches rendues très difficiles par l'absence de tout indice.

Prince ne s'arrêta ni jour ni nuit, il fit tant et si bien que huit jours après, les voleurs, au nombre de quinze, étaient mis à la disposition du Parquet.

L'un des principaux voleurs, Porterat, ancien valet de chambre du consul, avait certainement introduit ses complices dans l'hôtel dont il connaissait fort bien les êtres.

Prince, les voleurs arrêtés, s'occupa à chercher le receleur et le découvrit 28, rue Simon-Lefranc. Cet individu nommé Brodard, fondeur et laveur de cendres, nia tout d'abord, mais bientôt, pressé de questions, et les magistrats ayant découvert dans son magasin des bijoux non encore fondus et un lingot d'argent de trois kilos provenant du vol, il fit des demi-aveux.

M. Goron opérait la perquisition. L'idée lui vint de descendre à la cave et de la visiter de fond en comble.

Il découvrit, cachés derrière de gros sacs de grésillon, 12 kilos d'argenterie et des flambeaux.

Brodard fut bien obligé d'avouer. Les principaux inculpés furent condamnés à 10 ans de travaux forcés.

A la suite de cette affaire, Prince reçut la croix d'officier de l'ordre du Libérateur que, par décret en date du 11 novembre 1887, signé par le président de la République, il fut autorisé à porter.

M. Goron reçut la croix de commandeur du même ordre.

EN 1887. — L'ESCROQUERIE AU MARIAGE

Une jeune Anglaise, âgée de vingt-cinq ans, mademoiselle Lindsay, plus connue sous le nom de Léal, ayant déjà mené une existence des plus mouvementées, avait trouvé un moyen fort ingénieux de se faire des rentes au préjudice de nos compatriotes.

Toujours accompagnée d'une femme âgée qu'elle présentait tantôt comme sa mère, tantôt comme sa tante, elle fréquentait les tables d'hôte, acceptant les hommages des nombreux admirateurs de sa beauté, et déclarait très haut qu'étant une honnête fille elle n'aimerait jamais que celui qui deviendrait son époux.

Elle se donnait comme héritière d'une famille très noble et très riche, mais dont les parents avaient eu jadis une histoire désagréable. Les épouseurs, alléchés par la beauté de la femme et par l'annonce d'une fort belle dot, se présentèrent nombreux. Les cadeaux arrivaient en grand nombre et la femme âgée se chargeait, soit en qualité de tante, soit en qualité de mère, de préparer le mariage qui, selon la volonté formelle de miss Léal, devait se célébrer à Londres.

Tout étant bien convenu, on se rendait à Londres où le mariage avait lieu en petit comité et, le soir même, la jeune épousée prétextant le moindre motif s'absentait du salon et disparaissait. Les recherches faites pour la retrouver demeuraient vaines et l'époux désolé en était pour ses cadeaux, pour l'argent avancé et pour ses regrets.

Mademoiselle Lindsay n'exploitait pas seulement les clients des tables d'hôtes ; elle faisait insérer dans les journaux l'annonce suivante : « Une jeune fille très riche épouserait un homme sérieux ».

L'homme, ou mieux les hommes sérieux, se présentaient en grand nombre. La présentation se faisait généralement à l'Opéra, dans une loge.

Souvent mademoiselle Lindsay recevait le même jour des loges pour plusieurs théâtres. Elle en gardait une, vendait les autres, se faisait présenter et, le spectacle terminé, acceptait voiture, souper, etc., le tout pour entrer en relations.

Pendant longtemps mademoiselle Lindsay réussit fort bien et empocha d'assez jolies sommes produites par la vente des loges, des bijoux de fiançailles et même par des avances de fonds que la dot devait rembourser, mais un jour, M. X..., une de ses victimes, la rencontra inopinément au bras d'un autre.

Furieux d'avoir été joué aussi indignement, il porta plainte entre les mains de M. Taylor, chef de la Sûreté, et M. Persac, juge d'instruction fut chargé d'instruire cette affaire.

Prince commença des recherches qui furent couronnées de succès.

Il apprit notamment que mademoiselle Lindsay, dite Léal, se faisait courtiser et qu'elle était à la veille de contracter un nouveau mariage à Londres.

Prince s'était adjoint l'inspecteur Lasserre qui se mit à suivre habilement la jeune femme. Il pénétra à sa suite dans un des premiers hôtels de Paris et s'installa à côté d'elle à la table d'hôte.

Un jeune homme l'y attendait. Lasserre apprit que, le repas terminé, le couple devait se rendre chez un notaire de province où le futur époux devait retirer des fonds.

Prince, prévenu par Lasserre, attendit la sortie de mademoiselle Lindsay, et toujours accompagné de Lasserre, la suivit en voiture jusqu'à la gare de l'Est où il l'arrêta.

Le jeune homme eut beaucoup de peine à comprendre la situation ; il ne voulait rien entendre et refusait de se séparer de sa future femme.

Il lui fallut bien pourtant se rendre à l'évidence. En présence de M. Goron, mademoiselle Lindsay protesta énergiquement contre son arrestation, elle prétendit que du moment qu'elle se mariait à la mode anglaise, les autorités françaises n'avaient pas à intervenir.

L'aimable Anglaise fut condamnée en police correctionnelle à six mois de prison, l'enquête ayant établi qu'elle avait fait à Paris de nombreuses dupes. Plusieurs de ses complices, que Prince parvint à arrêter, furent également condamnés.

LA BANDE BUQUET

De 1886 à 1888, de nombreux vols de titres avaient été commis tant à Paris qu'en banlieue, sans qu'il ait été possible d'en découvrir les auteurs, notamment au préjudice de MM. Bana, Porenet, Carrié et Gamet. A force de patientes recherches les voleurs furent arrêtés mais on ne put découvrir ceux qui négociaient les titres volés à Paris, en province et même à l'étranger.

Beaucoup plus tard, les recherches auxquelles on s'était livré firent découvrir que les négociateurs de titres s'appelaient Buquet, Pellegrini, et Belso.

Au mois d'avril 1888, Pellegrini et Belso reconnus à Etampes, par un banquier de la place du Havre qu'ils avaient escroqué, furent arrêtés sur sa réquisition, ramenés à Paris revolver au poing et mis à la disposition de M. Prinet, juge d'instruction.

Buquet, le chef de la bande, ayant appris l'arrestation de ses acolytes, s'empressa de changer de domicile.

Prince fut chargé de retrouver sa trace et de procéder à son arrestation.

Il se mit en campagne avec les inspecteurs Wahlen et Weber, et après de nombreuses démarches, il apprit que Buquet habitait Clamart.

Prince, Wahlen et Weber se déguisèrent et se rendirent dans cette localité. Pendant une quinzaine de jours, ils surveillèrent activement la maison de Buquet, hermétiquement close, pensant bien qu'il ne tarderait pas à revenir.

Ils le supposaient en voyage. Cependant, Wahlen et Weber s'installèrent sur un arbre et examinèrent le jardin attenant à la maison de l'escroc. Ils étaient depuis trois quarts d'heure en observation, lorsqu'ils virent Buquet sortir de chez lui et se mettre, vêtu en jardinier, à piocher son jardin.

Sans hésiter, Prince et ses deux agents pénétrèrent dans l'immeuble et mirent Buquet stupéfait en état d'arrestation. L'habile escroc était ingénieur et de plus calligraphe distingué.

A ce dernier titre, il contrefaisait merveilleusement toutes les écritures.

Buquet, qui parlait l'argot dans la perfection, fréquentait tous les bouges de Paris ; il se mettait en relations avec tous les voleurs qui lui confiaient les titres dérobés dans leurs expéditions.

Buquet se chargeait alors de les négocier à Paris, en province, et même à l'étranger et notamment en Suisse, en Allemagne, en Angleterre et en Hollande.

Il ne reculait devant rien. Ayant épuisé toutes les ressources que son esprit inventif lui avait inspirées pour se défaire des titres volés, il s'était mis à en falsifier les numéros. De cette façon il opérait en toute sécurité et réalisait de gros bénéfices.

En trois ans il négocia pour deux cent mille francs de titres.

Souvent Buquet gardait tout pour lui, au grand mécontentement de ses complices ainsi frustrés de leur part de bénéfices.

L'instruction de cette affaire est toujours en cours. Dernièrement encore, on a, en effet, procédé à l'arrestation de nouveaux inculpés affiliés à la bande Buquet, et l'on ne pense pas que les débats de cet important procès puissent commencer avant quelques mois.

LA BANDE DE MONTREUIL

Pendant l'été de 1888, une vingtaine d'individus dirigés par un bandit redoutable, nommé Croénig, dit l'*Espagnol*, jetaient la terreur parmi les populations de Montreuil et de Charonne, dévalisant les maisons de campagne, les églises, et commettant de nombreuses attaques à main armée.

Ces gredins attaquaient les passants avec une rare audace. A Bagnolet et à Vincennes, notamment, ils étaient redoutés de tous.

La police locale était sur les dents et ne parvenait pas, malgré ses efforts, à capturer un seul de ces misérables.

Cependant, au cours d'une expédition dirigée contre la bande, M. Chadefaux, commissaire de police de Montreuil, en arrêta trois.

Prince, les inspecteurs Wahlen, Paris et Mercier furent mis à la disposition de M. Chadefaux. Pendant quinze jours, déguisés en paysans et en marchands de bestiaux, ils battirent la campagne en tous sens à la recherche des malfaiteurs et parvinrent enfin non sans peine et non sans avoir couru de réels dangers à capturer toute la bande et son chef redoutable Croénig.

Les principaux inculpés Croénig, Sefstique, Voyser et Fondant furent condamnés aux travaux forcés à perpétuité.

Roucamps, Dauvergne et Devaux, à huit et à dix ans de travaux forcés, enfin la fille Ney fut condamnée à cinq années de réclusion, et Breton, le moins coupable, un tout jeune homme, à trois ans de prison. Les autres, contre lesquels aucune charge n'avait pu être relevée, furent acquittés.

LE SOUS-BRIGADIER BOURLET

ACTES DE COURAGE — A LA SURETÉ

Constantin-Isidore Bourlet est né à Paris le 31 octobre 1855 ; il est, par conséquent, âgé de 33 ans.

Exempté du service militaire comme soutien de famille, Bourlet est entré en qualité d'inspecteur au service de la police de Sûreté le 15 octobre 1877. Il avait alors vingt et un ans.

Petit, assez fort, la physionomie ouverte et sympathique, toujours de bonne humeur, Bourlet est un excellent agent très apprécié de ses chefs et d'un courage à toute épreuve.

Il porte à la boutonnière le ruban tricolore d'une médaille d'argent de 2ᵉ classe que le président de la République lui a fait remettre le 18 février 1887 et qu'il a bien gagnée.

Le 17 janvier 1877, il retirait en effet de la Seine madame Victorine Launeuf qui venait de s'y précipiter du haut du pont des Arts.

Le 5 février de la même année il se jetait de nouveau dans la Seine et ramenait saine et sauve sur la berge madame Agasse qui venait de se précipiter dans le fleuve au quai Malaquais. Enfin le 28 octobre 1886, Bourlet se précipitait encore dans la Seine au secours du jeune Ganglas qui venait d'y tomber en amont du Pont-Neuf et qu'il ne put malheureusement sauver.

Bourlet, en effet, s'était jeté à l'eau tout habillé, et de plus une bouée de sauvetage lui avait été si malheureusement lancée que la corde s'enroulant autour de ses jambes faillit l'empêcher de regagner lui même la rive.

Il se crut bien perdu ce jour-là ; ce qui ne l'empêchera certes pas, à la première occasion, de se porter au secours de ceux qu'il verrait en danger.

Dès son entrée à la Sûreté, Bourlet fut versé au service central, puis en 1878 il fut détaché à l'Exposition universelle, section Suisse, où il se distingua par son zèle et par les arrestations qu'il opéra. Le commissaire central de cette section lui fit remettre, à titre de souvenir et de remerciement, une superbe montre en argent.

L'exposition terminée Bourlet, sous la direction de M. Moncin, inspecteur principal, fit partie de la section « de la voie publique ».

Bourlet s'étant distingué dans les recherches opérées pour retrouver le fameux Walder, l'assassin du pharmacien de la place Beauveau, fut appelé par M. Macé à faire partie de la brigade spéciale qui venait d'être formée.

Il fut d'un précieux concours à MM. Gaillarde et

Bleuze, dans la recherche de l'assassin de madame Galsterere, affaire dont j'ai déjà longuement parlé et sur les détails de laquelle je ne reviendrai pas.

EN 1882

Bourlet fut chargé de surveiller et d'arrêter en 1882 un boucher nommé Jéhu, demeurant 28, rue de Malte, qui avait imaginé un moyen fort habile de faire fortune.

Jéhu faisait graver par divers graveurs des bons et des billets de commerce dont une partie seulement était la reproduction des billets de banque.

Chaque graveur, sur ses indications, en gravait une partie différente et Jéhu réunissant ces diverses parties de billets en formait un complet.

Quand au papier filigrané, il se le procurait assez facilement.

Il en commandait au nom d'une soi-disant société industrielle. Dans la pâte, le papier portait ces mots « Ligue du Commerce » et au dessus une tête de Minerve.

Le papier livré, Jéhu rognait l'inscription « Ligue du Commerce » et la tête de Minerve se trouvait alors placée au centre, exactement comme dans les billets de banque.

Bourlet surveilla l'habile faussaire que ses allées et venues chez les filigraneurs avaient fait suspecter, et ayant acquis la certitude que Jéhu était bien le coupable, il l'arrêta le 9 mai, dans une maison en construction de la rue de Charonne où il se livrait en compagnie d'un apprenti lithographe à la confection de faux billets de banque de 100 fr.

Jéhu fut condamné par la cour d'assises de la Seine à dix années de réclusion.

EN 1883 ET 1884

Bourlet collabora activement en 1883, avec M. Prince, inspecteur principal, à l'arrestation de quinze individus faisant partie d'une bande qui avait notamment dérobé 51,000 fr. de valeurs contenues dans un coffret, placé dans un camion qui stationnait rue Vivienne.

En 1884, M. Kuehn, chef de la Sûreté, fut avisé par M. Percher, commissaire de police du quartier de la Santé, qu'une femme venait d'être trouvée morte dans les fossés des fortifications du boulevard Jourdan. Le médecin appelé auprès du cadavre avait conclu à une mort naturelle. On croyait que la malheureuse s'étant endormi, avait dû, pendant son sommeil, rouler du talus et venir s'abîmer dans les fossés.

Le cadavre fut transporté à la Morgue. Quelques jours après il était reconnu par un individu pour celui d'une fille Antoinette Prevost, âgée de trente-un ans, sa maîtresse.

Bourlet fut chargé d'ouvrir une enquête, et il ne tarda pas à penser que la fille Prévost avait été attirée dans quelque guet-apens.

Il apprit que la veille de sa mort, la victime avait été vue en compagnie de plusieurs rôdeurs fréquentant un bal musette du boulevard d'Italie.

Bourlet se mit à la recherche des individus qu'on lui avait signalés et bientôt il arrêta les nommés Meerholtz, dit le « Pacha de la Glacière »; Delaplanche et Bérans, dit « Plume-Patte. »

Ces individus qui, tout d'abord, avaient essayé de nier, n'ayant pu fournir l'emploi de leur temps pendant la nuit du crime, se décidèrent, pressés de questions, à faire des aveux complets.

Ils avaient attiré la fille Prevost sur les fortifications, l'avaient violée, dévalisée de son porte-monnaie et finalement ils l'avaient à grands coups de pied fait rouler dans le fossé des fortifications où elle s'était tuée.

Condamné à la peine de mort, le « Pacha de la Glacière » vit sa peine commuée en celle des travaux forcés à perpétuité. Delaplanche fut condamné à dix ans de réclusion et Bérans fut acquitté.

Les parquets de Nice et de Tunis avaient signalé au parquet de la Seine la prochaine arrivée à Paris d'un escroc du grand monde, se faisant appeler Nicolas de Savine, officier de l'armée russe.

Toujours mis à la dernière mode, de Savine, grâce à ses manières distinguées et à son incroyable audace, faisait dupe sur dupe.

Bourlet, qui fut chargé de surveiller les agissements de l'élégant escroc, parvint à l'arrêter avec l'aide de gardiens de la paix, mais non sans avoir reçu force horions car le soi-disant officier russe était doué d'une force égalant son audace, ce qui n'est pas peu dire, dans les circonstances suivantes.

Etant en surveillance le 28 juin 1885, dans une banque où de Savine se présenta porteur d'un faux chèque d'une valeur de 12,000 francs, Bourlet lui mit la main au collet et lui déclina sa qualité.

Il avait compté sans son hôte, qui, d'un formidable coup de poing, l'envoya rouler sur le plancher et tenta de prendre la fuite.

Bourlet, bien qu'étourdi par sa chute, se remit aussitôt sur ses pieds, et se lança à la poursuite de l'escroc, qu'il parvint à rejoindre dans la rue. Par un heureux hasard, deux gardiens de la paix se trouvaient à deux pas de lui ; il leur fit un signe, et de Savine eut beau déclarer qu'il était prince, et qu'on se méprenait, il fut bel et bien ficelé par Bourlet et conduit au poste de police.

Condamné à plusieurs années de prison et extradé, sur la demande du gouvernement italien, de Savine, usant de sa force herculéenne, parvint à s'échapper des mains de ses gardiens.

EN 1885 ET 1886

J'ai raconté précédemment la tentative audacieuse dont fut victime M. Four, horloger, 5, rue Paul-Louis Courrier, de la part des nommés Mitaine, Galopin et Briard.

Bourlet, qui collabora aux recherches faites pour

retrouver Briard et Galopin, — Mitaine ayant été blessé à mort par M. Four, au cours de la lutte qu'il eut à soutenir contre ses agresseurs, — arrêta à Paris, après de fatigantes recherches, Briard et la fille Cabuy, complice de ces gredins.

En 1886, Bourlet procéda à l'arrestation d'Emile Drapier, repris de justice des plus dangereux, qui, dans la nuit du 13 au 14 février, avait gravement blessé son frère Louis Drapier, demeurant 147, rue de Crimée.

Bourlet arrêta le meurtrier rue de l'Entrepôt, à Saint-Ouen, chez sa belle-mère marchande de vins où il s'était réfugié tout couvert du sang de son frère.

Le 30 septembre de la même année, madame Casamajor, demeurant 60, rue de Courcelles, fut victime d'un vol de 3,500 francs en billets de banque.

Bourlet, chargé de cette affaire, eut bien vite la certitude que le voleur faisait partie du personnel domestique de madame Casamajor.

Ses soupçons se portèrent principalement sur une femme de chambre nommée Marcherez.

Le difficile était d'obtenir des aveux. Les renseignements recueillis sur le compte de cette fille étaient déplorables. Bourlet fit semblant d'être épris de ses charmes et ses avances ne furent pas repoussées.

Croyant que Bourlet désirait l'épouser, elle lui remit un jour les 3,500 fr. qu'elle avait dérobés et cachés sous ses jupes, et le supplia de ne pas la dénoncer.

Bourlet, n'écoutant que son devoir, l'arrêta aussitôt, et la conduisit au Dépôt. Elle fut condamnée en cour d'assises à trois ans de prison.

Toujours en 1886, Bourlet seconda ceux de ses camarades qui furent spécialement chargés de rechercher et d'arrêter Séjourné, l'assassin du malheureux Delaporte, charretier au service de M. Bertout, meunier à Garges-lès-Gonesse, affaire dont j'ai entretenu le lecteur.

L'INCENDIE DE L'OPÉRA-COMIQUE

Le terrible incendie qui éclata à l'Opéra-Comique vers la fin du mois de mars, et qui fit tant de victimes, est encore et sera toujours présent à la mémoire de ceux qui y ont assisté, ou même de ceux qui n'en ont lu que les détails terrifiants.

Les travaux de déblaiement furent longs et pénibles.

Bourlet, ainsi que plusieurs de ses camarades, fut chargé de surveiller les ouvriers employés à cette sinistre besogne.

Durant les vingt-quatre heures qu'il fut de service, il retira des décombres dix cadavres carbonisés et remit à M. Guillot, juge d'instruction, les bijoux ou objets quelconques trouvés sur les victimes.

Tout en s'acquittant de sa tâche, Bourlet remarqua que les ouvriers, presque tous Luxembourgeois ou Saxons, dépouillaient sans scrupule les cadavres qu'ils découvraient.

Il redoubla d'attention et en arrêta neuf qui furent condamnés en police correctionnelle à des peines variant de 2 à 4 mois de prison, bien faible punition pour des vols quasi sacrilèges.

EN 1887

Dans le courant du mois de juin 1887, Bourlet, se trouvant à Joinville à la recherche de malfaiteurs, remarqua les allées et venues d'une femme accompagnée d'un jeune garçon, sur le compte de laquelle de fort mauvais renseignements lui avaient été fournis.

Il s'attacha à ses pas et constata que tous les soirs elle se rendait à Paris, un grand panier au bras, pour acheter, disait-elle, ses provisions de bouche.

Ayant acquis la certitude que sitôt à Paris cette femme envoyait son fils acheter, soit chez un boulanger, soit chez un épicier, un article très bon marché en paiement duquel l'enfant remettait une pièce fausse, Bourlet visita un à un les commerçants du quartier Sainte-Marguerite, chez lesquels il avait vu entrer l'enfant et chez tous on retrouva des fausses pièces. Sûr de son fait, il prévint M. Goron, alors sous-chef de la Sûreté, qui se rendit à Joinville, dans l'île Farnac où habitait la femme nommée Maffray, son amant, nommé De Marbaix, et le fils de ce dernier.

Une perquisition opérée par ce magistrat fit découvrir tout un attirail de faux-monnayeurs et une quantité de pièces fausses de un et deux francs.

De Marbaix et sa maîtresse, aussitôt arrêtés, furent condamnés l'un à sept ans, l'autre à cinq ans de réclusion.

M. Gamet, marchand de vins-logeur, demeurant 16, rue de la Réunion, trouvait, dans la soirée du 18 août 1887, la porte de son logement fracturée.

Toutes ses économies, s'élevant à 60,000 francs, tant en valeurs qu'en argent, avaient été volées.

Bourlet apprit au cours de son information qu'un nommé Perron, repris de justice, dont les parents habitaient la maison, avait été aperçu dans la soirée où le vol avait été accompli.

Bourlet se mit en campagne et au bout de quelques jours il connaissait tous les noms des membres de la bande de voleurs dont Perron faisait partie. Le 25 août suivant, c'est-à-dire sept jours après le vol, tous ces malfaiteurs étaient arrêtés.

Le 21 juillet 1888, Piet de Chambelle, dit « l'Afrique » ; Assier dit « Le Breton » ; Borsoni, dit « le Marseillais » ; Péron, dit le « Gendarme » et Lefèvre étaient condamnés aux travaux forcés à perpétuité.

Bourlet joua aussi un rôle important dans l'arrestation des faussaires de Malakoff, passage du Petit-Vanves, affaire dont j'ai parlé, et dans l'arrestation plus récente du grec Raftopoulos, dont les détails sont déjà connus de mes lecteurs. Il fut un de ceux qui couchèrent dans le propre lit de Raftopoulos et qui l'arrêtèrent au moment où, brisé par une nuit passée en wagon, il regagnait son domicile pour y prendre un peu de repos.

EN 1888

On signalait en 1888, dans le quartier Saint-Paul, une forte émission de pièces fausses de 2 fr. et de 1 fr.

Les coupables, signalés par les personnes ainsi dupées, fréquentaient assidûment le débit du Père-Dominique, rue des Jardins-Saint-Paul.

Bourlet, après de patientes recherches, non sans danger, découvrit et arrêta dix individus, au domicile desquels M. Goron put saisir tout l'attirail employé par les faux monnayeurs.

Les faussaires arrêtés se nommaient : François Vuillemain, Louis Michaël, Jules Rosat, Louis Louya, Charles Louya, Léon Emard, Anne Letendre, François Coudert, Prosper Lecaplain et Octavie Chrétien.

A la suite de cette importante capture, M. Goron nomma Bourlet sous-brigadier.

Enfin, Bourlet, sous les ordres de l'inspecteur principal Gaillarde, participa à l'arrestation des membres de la fameuse bande de malfaiteurs qui jetait la consternation parmi la population de Pantin et sur le compte desquels le jury sera prochainement appelé à se prononcer.

Par l'exposé succinct que je viens de faire de quelques-unes des affaires dans lesquelles Bourlet s'est distingué, on a pu voir que cet agent méritait de figurer dans cette étude rapide et d'être cité au nombre des meilleurs agents du corps d'élite dont j'ai entrepris la réhabilitation auprès du public.

LE BRIGADIER ARCHIMBAUD

DE 1867 A 1870.

Le brigadier Archimbaud, né à Paris, le 16 décembre 1834, est un des plus anciens agents du service de la Sûreté. De haute taille, les cheveux et la moustache blancs, très vert encore, très actif, adorant son service, plein de dévouement pour ses chefs qui l'estiment beaucoup, M. Archimbaud est en outre d'une honnêteté à toute épreuve.

Il est entré dans l'administration le 16 mars 1867.

Le 1er avril suivant il était désigné pour exercer une surveillance à l'Exposition universelle — section italienne — et s'acquittait de sa tâche, bien que tout nouveau dans ce service, à la satisfaction générale.

En 1868, il procédait à l'arrestation, chez une actrice du théâtre des Batignolles, d'un individu qui venait d'assassiner sa tante, rue Mogador. En 1869, il aidait Gaillarde à retrouver les cadavres de la famille Kink assassinés par Troppmann et enfouis dans le champ Langlois.

PENDANT LA GUERRE ET LA COMMUNE

En 1870, à l'époque de la déclaration de guerre, Archimbaud fut envoyé avec trois de ses camarades chez le général Trochu, gouverneur militaire de Paris, pour être employé par cet officier général, selon les besoins du service.

Archimbaud procéda à l'arrestation de plusieurs espions allemands et notamment à celle de deux officiers prussiens habillés en bourgeois et portant à la boutonnière le ruban rouge de la Légion d'honneur.

Il fut, en outre, chargé d'une mission confidentielle des plus périlleuses. Pendant la nuit, il se rendit sur l'ordre du général Trochu au Mont-Valérien, et fut chargé par le général commandant ce fort de porter une missive à un colonel d'artillerie qui se trouvait aux avant-postes.

La guerre terminée, Archimbaud reprit son service. Il était détaché à la surveillance d'un individu condamné à mort pour assassinat d'un gendarme, lorsqu'il apprit que la Commune venant d'être déclarée; l'administration s'était rendue à Versailles.

Archimbaud se rendit aussitôt dans cette ville, et fut versé à la 5ᵉ brigade de recherches sous les ordres de M. Munck, officier de paix. Le 1ᵉʳ avril, il fut désigné d'office pour se rendre à Paris et s'y assurer de la situation exacte des Fédérés.

S'était acquitté de sa mission, il retournait à Versailles lorsqu'il fut arrêté par le 181ᵉ de marche de la Commune, et conduit escorté par huit hommes armés à la Préfecture de police puis au Dépôt. Trois fois il passa en jugement, et deux fois il fut condamné à mort par les Fédérés.

Archimbaud, désigné comme otage, ne dut qu'à cette circonstance de n'être pas exécuté. Le vingtième jour de sa détention, il fut transféré en voiture cellulaire à Mazas, où il resta trente-cinq jours.

Archimbaud fut maintes fois sollicité par les Fédérés de trahir en leur faveur l'armée versaillaise et de les renseigner sur ce qui se passait à Versailles. Je n'ai pas besoin d'ajouter qu'Archimbaud, au risque d'être immédiatement passé par les armes, se refusa énergiquement à trahir le gouvernement qu'il servait.

En sortant de Mazas, le 25 mai 1871, au moment de l'entrée des troupes régulières dans Paris, Archimbaud se réfugia chez des parents qui habitaient, 28, boulevard Diderot, presque en face la prison ; il essuya en traversant le boulevard, six coups de feu tirés sur lui par les Fédérés qui défendaient la barricade de l'avenue Daumesnil.

Par un hasard providentiel, il ne fut pas atteint. Une des dernières balles qui lui étaient destinées vint s'aplatir à l'angle du mur de la maison dans laquelle il se réfugiait.

Il était à peine chez ses parents, que la maison voisine tombait au pouvoir d'une compagnie du génie. De la maison où se trouvait Archimbaud, deux coups de feu furent tirés sur la troupe régulière. Un soldat du génie fut tué.

L'officier voulut immédiatement faire fusiller les locataires de cet immeuble. Archimbaud s'interposa, obtint la grâce des locataires et rechercha les coupables. Il découvrit au premier étage un homme et une femme très mal notés et qui tenaient encore en mains les revolvers dont ils s'étaient servis pour tirer sur la troupe.

Séance tenante l'officier les fit fusiller dans un terrain vague situé derrière la maison.

Archimbaud accompagna l'officier à la prise de la barricade et se retira non sans avoir été chaleureusement remercié et par cet officier et par les habitants qu'il avait sauvés du légitime courroux des troupes versaillaises.

Archimbaud se rendit alors au ministère des affaires étrangères, où le service de la Sûreté venait à peine de s'installer.

Quelque temps après, il arrêtait l'individu qui l'avait dénoncé.

Archimbaud fut de nouveau désigné — comme fonctionnaire sous-brigadier, — pour le service de l'Exposition de 1878. Il fut spécialement chargé de surveiller l'exposition des diamants de la couronne.

L'exposition terminée, Archimbaud fut nommé sous-brigadier par M. Macé.

Il se fit remarquer par son zèle, et se signala par de nombreuses et brillantes arrestations.

En 1884, il fut nommé brigadier et versé au service de la voie publique où il resta environ deux ans, puis il passa au service de la Permanence, un des plus chargés du service de la Sûreté où il rend journellement de très réels services.

J'aurais peut-être pu donner de plus longs détails sur cet excellent agent, il m'aurait fallu reparler de beaucoup d'affaires déjà traitées au cours des précédentes biographies. Je me suis donc contenté de signaler la conduite d'Archimbaud pendant la guerre et la Commune.

Bientôt, Archimbaud sera d'âge à prendre sa retraite après une carrière des mieux remplies. M. le préfet de police, qui est toujours heureux de récompenser les agents placés sous ses ordres, quand ils le méritent, se souviendra certainement du vieux et dévoué serviteur dont le nom est pour tous ses collègues synonyme de probité, d'honneur et de dévouement.

L'INSPECTEUR BARBASTE

PENDANT LA GUERRE. — A LA SURETÉ.

De taille moyenne, les yeux vifs, la parole saccadée, la figure respirant l'énergie, l'inspecteur Barbaste est un des bons agents du service de la Sûreté.

Très intelligent, d'une activité dévorante, d'une persévérance que rien ne lasse, il réussit généralement toutes les affaires qui lui sont confiées.

Jean Barbaste, originaire des Basses-Pyrénées, est âgé de trente-neuf ans.

Fait prisonnier pendant la guerre, au mois de décembre 1870, il n'est rentré en France que le 17 juin 1871. Libéré du service militaire au mois de juin 1875, comme sergent-major au 45ᵉ de ligne, après cinq années de présence sous les drapeaux, Barbaste s'est fait admettre comme inspecteur au service de la Sûreté le 4 mars 1878 et a été détaché à l'Exposition universelle. Une médaille commémorative lui a été décernée en récompense des services qu'il a rendus à cette époque.

Après un stage assez court dans les bureaux de la Sûreté, Barbaste a été versé à la brigade de la voie publique et s'y est distingué.

UNE ARRESTATION PÉRILLEUSE

Une bande de dévaliseurs et de faux-monnayeurs avait été signalée au service de la Sûreté.

Les principaux membres de cette bande, les nommés Jean Castandet, âgé de vingt-un ans, et Roddé, âgé de dix-neuf ans, étaient connus; ils avaient été employés au théâtre Cartouche, à la foire de Neuilly, et on les recherchait pour des faits antérieurs aux vols qui avaient motivé les plaintes portées contre eux.

Dans l'après-midi du 25 juin 1880, Barbaste qui, depuis quelques jours, recherchait ces malfaiteurs, les découvrit dans l'île de la Grande-Jatte au pont de Neuilly, en train de pêcher à la ligne avec plusieurs individus de leur espèce.

Il était seul et savait avoir affaire à des gaillards résolus.

Sans hésiter, il se mit en relation avec eux, affectant de s'intéresser vivement à leur pêche et, finalement, il les invita à manger une friture au restaurant Lemaire.

Dans la soirée, craignant de les voir disparaître, et n'espérant plus aucune aide, il se fit connaître et résolument les mit en état d'arrestation.

La lutte fut désespérée; les coquins auraient eu

le dessus sans le patron du restaurant qui prêta main-forte à Barbaste, dont la vie avait été fort en danger.

Castandet fut condamné à huit ans de travaux forcés et à vingt ans de surveillance.

Condamné à la même peine, Roddé à peine arrivé à Nouméa, tenta de s'évader et fut pour ce fait condamné à deux années de travaux forcés.

Barbaste reçut de vives félicitations pour le courage dont il avait fait preuve en arrêtant ces deux misérables.

A partir du mois de juin 1882, Barbaste fut appelé à faire partie de la brigade des renseignements. Il s'occupe plus spécialement des enquêtes sur notes du parquet de la première division, mais entre temps il procède à des arrestations et se signale chaque fois par son intelligence et sa hardiesse.

Parmi les arrestations principales opérées par cet excellent agent, je citerai plus particulièrement les suivantes.

AFFAIRE VINAY

Un dangereux malfaiteur, nommé Gabriel-Auguste Vinay, plus connu sous le nom de docteur Vinay, comparaissait le 18 mars 1881, pour la quatrième fois, devant la chambre des appels correctionnels.

Au moment où il venait de s'entendre condamner à cinq ans de prison pour vol, ce hardi malfaiteur prit la fuite.

Le matin de sa comparution, Vinay avait écrit à M. le président Manau, pour lui demander de remettre son affaire à une audience ultérieure, sous prétexte qu'il était souffrant.

Sa demande avait été repoussée et il s'était présenté à l'audience le visage entouré d'un bandeau.

La condamnation prononcée, un garde municipal le reconduisait à la Conciergerie lorsqu'il fit semblant de se trouver mal. Le garde courut alors chercher M. Floquet, médecin du Palais; mais lorsqu'il revint, accompagné du docteur, Vinay avait disparu. S'étant débarrassé de son bandeau, il était sorti tranquillement du palais sans éveiller l'attention du personnel.

A peine en liberté, il recommença ses escroqueries. Sa première visite fut pour une dame Martin, dont le mari était au bagne et à laquelle il offrit d'obtenir en sa faveur et l'autorisation de rejoindre son mari et un passage gratuit.

Il fabriqua une lettre revêtue de faux cachets du ministère de la marine et inspira une telle confiance à la pauvre femme qn'elle lui remit une somme d'argent assez importante.

Elle s'aperçut un peu tard qu'elle avait été odieusement dupée. Vinay exploita ensuite les patrons des principaux hôtels de Paris, dans lesquels il se présentait avec plusieurs valises chargées de pierres qu'il laissait en nantissement des dépenses qu'il avait faites soit sous le nom de Dubois, soit sous ceux de Martin ou Reyrot, etc., etc.

Un jour, Vinay loua un cheval au manège Duphot et s'empressa de l'aller vendre aux environs de Paris; puis, se sachant signalé, il se réfugia au Havre, pour dépister la police.

Il se rendit ensuite à Londres, puis à Chislehurst où il s'installa chez une des notabilités du parti bonapartiste, M. Clary, régisseur de la ferme Sainte-Marie, auquel il se donna comme un des agents les plus actifs et les plus dévoués de la faction.

Il revint au Havre au bout de quelque temps et gagna Paris.

Ayant fait la connaissance d'une fille employée dans une brasserie du faubourg Montmartre, et qui souffrait d'une maladie chronique de l'estomac, Vinay prit le nom d'un docteur célèbre, ordonna à cette fille un traitement ridicule et l'envoya chercher immédiatement les médicaments qu'il venait d'ordonner et qu'il voulait, disait-il, préparer lui-même.

Profitant de son absence, il lui vola un superbe manteau qu'il alla vendre et ne reparut plus, bien entendu.

Une forte prime avait été promise à celui qui arrêterait cet audacieux escroc.

Barbaste, qui avait appris au cours de ses recherches qu'une ancienne maîtresse de Vinay était en traitement à l'hôpital de la Charité, et qui avait su que l'escroc avait conservé des relations avec elle, se fit autoriser à rester à l'hôpital en qualité d'interne de service.

Le 29 juillet 1881, Vinay se présentait porteur

d'une carte d'étudiant en médecine, et il était reçu par Barbaste, qui l'introduisait auprès de sa maîtresse.

Après une conversation à voix basse de quelques minutes, Vinay déclara qu'il emmenait sa maîtresse. Barbaste lia conversation avec Vinay, et comme le temps était superbe, il l'invita à faire avec lui une promenade en voiture, disant qu'il était justement en congé pour la journée, et qu'il serait très heureux de profiter du temps pour prendre un peu l'air du dehors.

Sans défiance aucune, Vinay accepta. On monta en voiture, et, quelques instants après, l'escroc furieux accablait Barbaste d'injures dans le cabinet de M. Macé où l'intelligent agent l'avait conduit.

Barbaste fut chaudement félicité par ses chefs pour cette importante capture.

L'AFFAIRE MUNO

Depuis longtemps la police recherchait un nommé Eugène-Gustave Muno, dit « Candas », dit « Thomassin », dit le « Vitrioleur », âgé de vingt-huit ans, malfaiteur des plus dangereux, qui avait encouru déjà six condamnations pour vols et vagabondage.

Incorporé au 1ᵉʳ bataillon d'infanterie légère d'Afrique, Muno avait déserté le 15 mai 1883 et s'était réfugié à Paris, où il vivait de la prostitution des femmes qu'il terrorisait et qu'il vitriolisait après les avoir volées.

Le 24 janvier 1884, ce misérable aspergeait d'acide sulfurique une demoiselle L..., rue Bonaparte, et le 6 février 1885 il défigurait par le même procédé une demoiselle D..., domestique boulevard Magenta.

Muno se cachait sous de faux noms et toutes les recherches faites pour le retrouver demeuraient vaines. Cependant Barbaste, à force de patientes recherches, finit par retrouver une nommée M... demeurant rue de Dunkerque, qui avait été, disait-on, la maîtresse de Muno et qui le revoyait encore de temps à autre.

Madame M..., se doutant qu'elle était surveillée, ne laissait pénétrer personne chez elle. Ses voisins affirmaient cependant avoir entendu à plusieurs reprises la nuit une voix d'homme dans son appartement, bien que n'ayant jamais vu entrer ni sortir personne.

Barbaste se fit autoriser par le concierge de la maison à y pénétrer à sa volonté, et il imagina le truc suivant pour arriver à s'introduire dans l'appartement où il supposait, non sans raison, que Muno se cachait.

Un ouvrier fumiste, requis à cet effet, monta sur le toit de la maison et se mit à ramoner la cheminée de madame M..., pendant que Barbaste, vêtu en conséquence, et muni d'un seau, frappait à la porte de l'appartement où il venait, disait-il, ramasser la suie.

Croyant avoir réellement affaire à un ramoneur, madame M... fit ouvrir sa porte par son enfant, âgé de six ans environ, qu'elle ne laissait jamais sortir de peur qu'on le questionnât.

Barbaste pénétra donc dans la chambre à coucher de madame M... en s'excusant de son mieux et il constata qu'elle était couchée à côté d'un individu dont le signalement répondait exactement à celui de Muno. Sans rien laisser paraître de la satisfaction qu'il éprouvait, Barbaste déclara qu'il descendait chercher sa pelle qu'il avait oubliée, qu'il remonterait aussitôt et qu'il aurait d'ailleurs rapidement terminé sa besogne.

Quelques secondes plus tard, accompagné de deux gardiens de la paix qu'il laissa sur le palier, Barbastre pénétra de nouveau dans le logement. Muno, car c'était bien lui, avait cependant aperçu les agents. Il bondit aussitôt hors du lit où il était couché tout habillé et menaça Barbaste d'un couteau qu'il avait sorti de sa poche, mais il fut bientôt réduit à l'impuissance, ligotté et conduit à la Sûreté.

La femme avec laquelle il était couché n'était autre que... sa propre mère ! Le misérable, condamné par la cour d'assises de la Seine à huit années de travaux forcés, s'évada de Cayenne le 27 juin 1888.

L'AFFAIRE FOLIE

Le 8 février 1885, on trouvait M. Norbert Duquesne, échevin à Wihéries (Belgique), assassiné sur la route qui conduit d'Elouges à Wihéries, près du pont du chemin de fer de Dour à Bavay.

Le parquet de Mons avait adressé au parquet de Paris une commission rogatoire, à l'effet de rechercher un des auteurs de ce crime, le nommé Victor Folie, d'origine belge, âgé de vingt-huit ans, qui avait subitement disparu de Quiévrain et que l'on supposait s'être réfugié à Paris. Barbaste, muni du signalement de l'inculpé, se livra à de longues recherches, et grâce à son flair, grâce à sa volonté persistante, il découvrit et arrêta Folie, qui fut transféré à Mons le 27 avril 1885.

Les magistrats belges adressèrent de vives félicitations à Barbaste au sujet de cette arrestation.

En 1888, l'excellent inspecteur fut admis à faire partie de la brigade spéciale que dirige avec tant d'autorité, sous les ordres directs de M. Goron, l'inspecteur principal Jaume.

AFFAIRE MATHELIN

Le 11 mai 1888, madame Oudin, domestique à la Varenne-Saint-Hilaire, demandait par lettre à M. Goron de faire rechercher son mari, cantonnier de la Ville de Paris, disparu le 8 mars de son domicile, 175, rue Saint-Martin, après avoir retiré une somme de 500 francs de la Caisse d'épargne. Le livret était resté à son domicile.

Barbaste, au cours de ses recherches, apprit que depuis quelque temps Oudin entretenait des relations suivies avec un individu qui lui avait offert un emploi de régisseur dans un château près de Meaux.

La condition imposée pour l'obtention de cet emploi était le versement d'une somme de 500 francs à titre de cautionnement.

La veille du jour où sa disparition avait été constatée, Oudin avait été rencontré en compagnie de l'individu en question. Barbaste conçut des soupçons et il s'enquit de ce qu'était cet individu dont personne ne savait exactement le nom.

Il apprit, non sans peine, qu'il s'appelait Charles Mathelin, dit *la Caillotte*, qu'il était maçon et qu'il habitait dans un hôtel borgne de la rue Sainte-Marguerite.

Mathelin était considéré comme un individu très-dangereux. On le savait sans ressources et cependant Barbaste établit que du 8 au 13 mars, il avait dépensé une somme de 400 francs en compagnie de plusieurs filles qui toutes furent retrouvées.

Certain que cet argent provenait d'un vol, Barbaste arrêta Mathelin et le conduisit chez M. Goron, où il simula la surdité et déclara après bien des hésitations qu'il avait quitté Oudin dans la cour de la gare de l'Est et qu'il n'en avait plus entendu parler depuis.

Cependant Oudain demeurait introuvable. Barbaste reçut entre temps la déposition de M. Thiébaut, qui déclara avoir vu Oudin en compagnie de Mathelin qu'il connaissait fort bien dans le train de Meaux et que ce dernier avait feint de ne pas le reconnaître.

Barbaste se rendit à Meaux. Il apprit qu'un inconnu trouvé mort dans le Bois de Champfort, le 9 mars, avait été inhumé à Esbly.

Le signalement qu'on lui fournit et la désignation des vêtements dont était vêtu l'inconnu correspondaient exactement au signalement du malheureux cantonnier.

M. Guillot, juge d'instruction, informé de ce fait, ordonna que Mathelin serait conduit à Meaux et confronté avec le cadavre. Avant de sortir de Mazas, Barbaste fit revêtir à Mathelin une casquette de soie noire et une blouse blanche que ce misérable portait le jour du crime et qu'il venait de découvrir dans la chambre qu'il occupait rue Sainte-Marguerite.

Mathelin, très ému, déclara cependant que ce vêtement ne lui appartenait pas, et l'on se mit en route pour la gare de l'Est.

En arrivant sur le quai d'embarquement Barbaste eut une idée, il se retourna négligemment vers Mathelin, et lui dit en le fixant :

» Tiens à propos, Thiébaut vous fait dire bien des choses. »

Mathelin, qui savait avoir été aperçu par ce témoin, comprit qu'il était perdu. Il devint livide, se mit à claquer des dents et déclara qu'il avait froid, puis, à quelques stations de Paris, pris de frayeur à l'idée qu'on allait le mettre en présence du cadavre de Oudin, il supplia Barbaste de lui éviter cette confrontation et avoua que c'était lui qui avait tué Oudin pour le voler.

Mathelin fut exécuté le 31 octobre 1888 sur la place de la Roquette.

L'AFFAIRE ABEL CHARRON

Le 25 mai 1888, madame veuve Saintin, rentière, âgée de soixante-dix ans, était assassinée dans son domicile à Montlhéry (Seine-et-Oise), Grande-Rue, n° 14.

Son domestique, Abel Charron, affirmait qu'il avait vu l'assassin et qu'il avait essayé de l'arrêter, mais que plus fort que lui, le misérable avait eu le dessus et s'était enfui.

Le parquet de Corbeil demanda à celui de Paris de mettre des agents de la Sûreté à sa disposition, pour la recherche de l'assassin.

L'inspecteur principal Jaume et l'inspecteur Barbaste furent envoyés sur les lieux du crime, le 26 mai. Les deux agents de la Sûreté commencèrent leur enquête et les renseignements qu'ils recueillirent leur firent porter leurs soupçons sur Abel Charron lui-même. Ce dernier cependant avait inspiré aux magistrats qui conduisaient l'enquête une telle confiance qu'ils ne voulaient pas croire à sa culpabilité.

Barbaste, auquel Jaume laissait toute liberté d'action, s'enferma dans le salon de la victime avec Abel Charron et lui fit subir un interrogatoire des plus complets.

Abel Charron, avec une audace incroyable, avait

réponse à tout et supportait sans la moindre émotion le regard accusateur de Barbaste, lorsque l'intelligent agent lui dit brusquement : « C'est vous qui avez assassiné madame Saintin, et d'ailleurs reconnaissez-vous ceci : » En même temps Barbaste mettait sous les yeux de Charron une pièce de cinq francs et il ajoutait : « Saviez-vous que votre patronne marquait ses pièces? » « Non... Eh bien! Celle que je vous montre a été saisie à la poste, elle y a été prélevée sur la somme que vous y avez déposée à l'adresse de votre maîtresse, et toutes les autres pièces de monnaie retrouvées chez votre victime, portent la même marque. »

A cette révélation, qui n'était qu'un habile stratagème imaginé par Barbaste, Charron ouvrit la bouche pour parler, mais l'émotion l'en empêcha.

— Oh! ajouta Barbaste, je ne dis pas que vous soyez l'assassin, mais vous êtes certainement le voleur...

Charron, le regard fou, tremblant sur ses jambes, fit un effort suprême et murmura plutôt qu'il ne dit : « Je renonce à la lutte, vous êtes plus fort que moi, il m'est impossible de nier plus longtemps.

» Du reste, ce rôle de témoin qu'on me fait jouer depuis vingt-quatre heures commence à m'énerver, et, si vous ne m'aviez deviné, j'allais tout avouer. »

A la suite de ces aveux, Abel Charron fut condamné à mort, le 26 juillet 1888, par la cour d'assises de Seine-et-Oise. Sa peine fut commuée en celle des travaux forcés à perpétuité.

Barbaste fut chaudement félicité par M. Jaume, son chef direct, et par M. Goron, auquel l'inspecteur principal raconta par le détail les moyens employés par cet agent pour forcer les aveux du misérable.

AFFAIRE BENOIT

Des malfaiteurs s'introduisaient au mois de juillet dernier dans l'appartement de M. Benoît, rentier, 22, rue Notre-Dame-de-Nazareth, fracturaient son coffre-fort et s'emparaient des pierreries et des valeurs qui y étaient renfermées et qui représentaient une somme de 300,000 francs.

Les soupçons s'étaient aussitôt portés sur un malfaiteur des plus dangereux, ayant déjà subi sept condamnations, se nommant Léopold-Eugène de Marie, dit « la Souris », âgé de 25 ans.

Cet individu, toujours armé jusqu'aux dents, déclarait à qui voulait l'entendre qu'il tuerait comme un chien le premier agent qui tenterait de l'arrêter.

Néanmoins, il changeait et de nom et d'adresse chaque jour.

Barbaste découvrit cependant sa trace rue Saint-Maur et organisa une surveillance des plus actives.

Le 29 août, dans l'après-midi, « la Souris » se présentait dans la cour d'une maison où il avait un rendez-vous. Barbaste, qui veillait, se jeta sur lui, aidé d'un collègue, et le ficela avant qu'il ait eu le temps de se reconnaître.

Furieux, le misérable dit à Barbaste : « S... d, tu

as de la veine de m'avoir surpris, sans quoi... ! »

Conduit au poste de police, de Marie, dit la « Souris », fut fouillé. Il portait sur lui un coup de poing américain, un couteau et un revolver dont les six coups étaient chargés.

De Marie passera prochainement aux assises avec plusieurs de ses acolytes, compromis comme lui dans l'affaire Catusse.

L'AFFAIRE SAUER

Le 16 mars dernier, une fille soumise nommée Marguerite Dubois, âgée de trente-sept ans, était trouvée assassinée dans son logement, 18, rue Payenne.

Barbaste fut chargé, ainsi que plusieurs de ses collègues, de rechercher l'assassin.

Il établit que l'auteur de ce crime n'était autre qu'un nommé Sauer, et il obtint, à force de patience et de ruses, les aveux complets de l'assassin, dans la journée du 19 mars, c'est-à-dire 24 heures après le crime.

Sauer a été condamné par la Cour d'assises de la Seine, le 30 mai dernier, aux travaux forcés à perpétuité.

AFFAIRE LEROY-GRELICHE

Le 14 avril dernier, à 7 heures du matin, une fille soumise, nommée Marie Wilhelm, dite la *Chinoise*, était trouvée morte dans sa chambre, rue Tiers, étendue sur le sol à un mètre de son lit.

La Chinoise, qui devait ce surnom à son teint jaune, à ses yeux bridés, appartenait au monde de la plus basse prostitution. Elle figurait sur les registres du dispensaire de la Préfecture de police.

Cette malheureuse, qui habitait un infect taudis dans un garni situé 15, rue Tiers, près de la place d'Italie, payait une location de 1 franc par semaine. Le peu d'argent qu'elle avait, elle l'employait à boire. La veille du crime elle était rentrée chez elle vers deux heures du matin, après avoir fait de nombreuses stations chez les marchands de vins du quartier.

Tout d'abord, sa logeuse, qui plus d'une fois l'avait trouvée ivre-morte, étendue sur le plancher de sa chambre, crut que cette fois, encore la Chinoise était ivre et courut chercher une voisine pour l'aider à la hisser sur son lit.

La logeuse finit par être inquiète de l'immobilité persistante de sa locataire et courut avertir le commissaire de police qui vint aussitôt accompagné d'un médecin.

Des érosions furent constatées au cou de Marie Wilhelm, mais on pensa que peut-être elle se les était faites elle-même en se débattant avant de succomber à un transport cérébral déterminé par l'abus de l'alcool et l'on fut sur le point de conclure à une mort naturelle.

Cependant, M. Goron arrivé sur les lieux, dans

l'intervalle, conçut des soupçons et ordonna une enquête.

L'inspecteur Barbaste et son collègue, l'inspecteur Lowe, se mirent à la recherche des filles que fréquentait le plus fréquemment Marie Wilhelm. Barbaste interrogea plus spécialement les filles Ledonarin, dite la Boiteuse, et Pinet, dite la Borgne, demeurant l'une, 10 rue Tiers; l'autre, 24, rue Bourgon.

Il s'aperçut bientôt que ces deux femmes cherchaient à l'induire en erreur et se livra sur leur compte à une information plus complète.

Il apprit alors que, récemment, elles avaient eu de graves discussions avec la Chinoise et que, de plus, leurs souteneurs avaient complètement disparu depuis vingt-quatre heures.

Les deux souteneurs en question, Leroy dit *Grain d'avoine*, et Greliche, âgés l'un de vingt ans, le second de vingt-six ans, repris de justice des plus dangereux, s'étaient réfugiés dans la chambre de la Borgne, rue Bourgon.

Barbaste se rendit, accompagné de l'inspecteur Harpillard, chez la Borgne et y trouva Leroy et Greliche couchés tout habillés sur le lit, bien qu'il fut deux heures de l'après-midi.

Les deux gredins ne songèrent même pas à s'informer de la qualité des agents et les suivirent sans essayer la moindre résistance.

Leurs réponses à M. Goron, semblèrent si embrouillées que leur arrestation fut maintenue et qu'ils furent écroués au Dépôt.

Or, deux jours après, l'autopsie pratiquée à la morgue par le docteur Descouts, démontrait nettement que la mort de Marie Wilhelm avait été causée par *strangulation pratiquée à la main, fort probablement par deux agresseurs.*

Barbaste poursuivit ses investigations. Un locataire de la maison de la victime lui fit la déclaration suivante :

« Vous tenez les bons. Leroy et Greliche, que je
» connais, ont certainement fait le coup. Pendant la
» nuit où le crime fut commis, je ne dormais pas.
» Vers deux heures du matin j'entendis le bruit
» d'une dispute et peu après deux cris rauques, sem-
» blables à ceux que pousserait une personne qu'on
» étrangle.

« Je me levai vivement et je descendis sans même
» prendre le temps de passer mon pantalon. Arrivé
» au bas de l'escalier qui vient aboutir à côté de la
» chambre de la Chinoise, je me trouvai en présence
» de Leroy et de Greliche, qui sortaient de chez la
» fille Wilhelm.

« En m'apercevant, Leroy qui me reconnut dit à
» Greliche : « Allons, ferme la porte et viens vite ».

Un pareil témoignage renouvelé sous la foi du serment ne pouvait laisser aucun doute. Désormais l'instruction était close.

Le jury de la Seine dira bientôt le dernier mot de cette affaire, dont la réussite est due à la ténacité de l'intelligent inspecteur Barbaste.

AFFAIRE BUGNOT-DONAI

Le 13 juin dernier, à cinq heures et demie du matin, la domestique de madame veuve Carrier, à Pierrefitte (Seine) près Saint-Denis, découvrait dans un champ appartenant à sa maîtresse, le corps d'un homme étendu la face contre terre, baignant dans une mare de sang.

M. Rouquier, commissaire de police à Saint-Denis, fut immédiatement prévenu.

Accompagné du docteur Boucher, ce magistrat se transporta sur le lieu du crime. Le médecin constata que la victime portait au côté droit cinq blessures produites par une arme à feu.

Un des projectiles, une chevrotine du calibre six fut extraite. M. Boucher constata également des traces de strangulation au devant du cou. Les poches de la victime avaient été complètement retournées pour laisser croire que le vol avait été le mobile du crime.

L'enquête eut bientôt établi que le défunt nommé Elie-Ludovic Jalinier, âgé de 25 ans, demeurait à Saint-Denis, 7 place du Marché, qu'il était marié et père de trois enfants en bas âge. On sut que Jalinier avait quitté son domicile la veille à 8 heures du soir, emportant un assez grand panier et un couteau dans sa poche. L'enquête, commencée par M. Rouquier, commissaire de police, fut continuée par MM. Couturier, juge d'instruction et Goron, chef de la Sûreté qui purent reconstituer hypothétiquement la scène du crime.

Jalinier maraudait dans un champ. Un paysan à l'affût le surprit.

Exaspéré par les vols constants dont les cultivateurs de Saint-Denis étaient victimes depuis quelque temps, il fit feu sur Jalinier qui tomba.

Effrayé des suites du meurtre qu'il venait de commettre, le cultivateur avait imaginé le stratagème suivant, pour détourner les soupçons de la justice : il avait dépouillé le cadavre, retourné ses poches et avait emporté le panier, le couteau et même un des souliers de la victime.

Le champ dans lequel fut trouvé Jalinier semble voué aux événements tragiques. L'an dernier, son propriétaire, M. Carrier, y fut assassiné et tout récemment une femme des environs s'y est suicidée.

On désespérait de jamais mettre la main sur le ou les meurtriers de Jalinier, car tous les cultivateurs de la contrée s'entendaient pour égarer la police dans ses recherches.

L'inspecteur Barbaste fut chargé de cette affaire.

L'habile agent devina vite que le meurtrier ne pouvait être que l'un des propriétaires des champs de rapport voisins de celui où la victime avait été retrouvée. Or, tous les propriétaires de ces champs habitaient Montmagny (Seine et Oise).

Barbaste se livra sur chacun d'eux à une enquête approfondie. Il s'occupa à connaître leur caractère, l'emploi de leur temps la nuit du crime et bientôt, ses soupçons se portèrent sur l'un d'eux, nommé Claude Bugnot et sur son garçon de ferme Bounald-Douai, qu'il fit venir sous un prétexte quelconque au commissariat de police de M. Rouquier, qui les interrogea longuement sur le crime commis à Pierrefitte.

Le magistrat dut les laisser repartir, mais Barbaste, persuadé qu'ils étaient bien les meurtriers de Jalinier, poursuivit son enquête à leur sujet.

Il apprit que le jour même du crime, deux individus armés chacun d'un fusil, avaient dîné, vers 9 heures du soir, dans un débit de vins tenu par madame Sandras, avenue de Saint-Denis, à Pierrefitte. Après de nombreuses réticences cette femme finit par déclarer à Barbaste que les deux individus en question étaient bien Bugnot et Douai et que, leur dîner terminé, ils étaient partis en disant qu'ils allaient corriger les maraudeurs qui dévastaient presque journellement leur champ d'asperges.

Enfin, un nommé Mazié, amant de la dame Sandras, raconta à Barbaste que Bugnot lui avait avoué la veille qu'il était bien l'auteur du crime et qu'il redoutait d'être deviné par les agents de la Sûreté.

Le jour même, Barbaste, aidé des agents du commissariat de police de Saint-Denis, procédait à l'arrestation de Bugnot et de Douai.

Les deux coupables, après avoir opposé des dénégations formelles aux déclarations de Mazié et de madame Sandras, entrèrent dans la voie des aveux.

Bugnot finit même par s'écrier : « Eh bien oui

» c'est moi qui ai tué l'individu, parce que je l'ai
» surpris en train de couper mes asperges et j'ai
» ensuite retourné ses poches. Quant au panier que
» l'homme que j'ai tué avait abandonné sur mon
» terrain, ma femme l'a brûlé. »

Cette affaire viendra incessamment devant la cour d'assises de la Seine.

M. Rouquier, commissaire de police de Saint-Denis, a fait parvenir à M. Goron une lettre de félicitations à l'adresse de Barbaste, grâce auquel le crime de Pierrefitte ne restera pas impuni.

Barbaste, comme on a pu s'en rendre compte, est un agent des plus précieux.

Ses chefs l'estiment et ont en lui une entière confiance, dont il sait d'ailleurs se rendre digne.

« Faire vite et bien », telle est sa devise, et il n'y manque pas.

Barbaste sera un jour un excellent brigadier, après avoir été un excellent agent.

L'INSPECTEUR HOULIER

PENDANT LA GUERRE. — À LA SURETÉ.

Avant de terminer complètement mon travail par la biographie de l'inspecteur Houlier, je présenterai au lecteur et M. le docteur Bertillon, directeur du service anthropométrique, et M. Bazar, chef du service photographique : ces deux services étant intimement liés l'un et l'autre au service de la Sûreté, et ce ne sera certes pas la partie la moins intéressante de ces notes.

Emile Houlier, un des agents les plus justement estimés de la police de Sûreté, est né à Paris le 17 avril 1853. Libéré comme sergent au 98e de ligne, Houlier s'est engagé volontairement pour la durée de la campagne de 1870-71. Il a pris part à maints combats, notamment à celui du plateau d'Avron.

Il a fait partie des bataillons de marche et des compagnies de francs-tireurs et s'est vaillamment comporté. Libéré définitivement du service militaire le 2 août 1878, il a été admis, sur sa demande, à faire partie de l'administration le 1ᵉʳ septembre de la même année.

J'ai dit déjà que, grâce à sa connaissance de la langue anglaise, Houlier, qui, pendant cinq ans, a fait partie du personnel des bureaux, s'est occupé de nombreuses recherches en Angleterre.

Le 1ᵉʳ janvier 1888, il a été appelé à faire partie de la brigade spéciale à laquelle il appartient encore aujourd'hui.

De 1882 à 1888, Houlier a souvent été appelé à servir d'interprète, soit auprès de MM. les juges d'instruction, soit aux chambres correctionnelles ayant à juger des inculpés d'origine anglaise ou américaine qu'il avait arrêtés lui-même pour la plupart en flagrant délit de vol « à la tire », à « l'esbrouffe », à « l'américaine », etc., etc.

L'AFFAIRE BISTANY

Le gouvernement anglais demandait l'extradition d'un nommé Bistany, inculpé de faux commis en Angleterre. Etabli à Bagdad, cet individu avait fabriqué de fausses lettres de commission pour une somme de 5.000 livres sterlings.

Il avait en outre établi de fausses lettres d'envoi signées : « Carmen Soly, agent maritime à Bagdad. Or cet agent n'existait pas. Houlier apprit au cours de ses recherches à Paris, que Bistany habitait aux environs des grands boulevards. A force de patience il le découvrit rue Monsigny, hôtel Monsigny, où il s'était installé sous un faux nom.

Au moment où il fut arrêté il était porteur d'un revolver chargé. Dans sa chambre on découvrit un grand nombre d'imprimés dont il avait l'intention de se servir pour commettre de nouvelles escroqueries.

M. Blancard des Salines reçut pendant l'accomplissement des formalités d'extradition une commission rogatoire du parquet de Marseille, le priant de faire rechercher Bistany qui avait dans cette ville commis de nombreux faux. L'escroc fut donc dirigé sur Marseille d'où il sera, sa peine terminée, remis aux autorités anglaises qui le jugeront à leur tour.

JOHN PALMER

John Palmer, que l'inspecteur Houlier fut chargé de rechercher et d'arrêter, accomplissait avec une dextérité merveilleuse, le vol à « l'esbrouffe ». John Palmer, dit « Fitls Gérard », âgé de 27 ans, était Irlandais et il avait eu déjà de nombreux démêlés avec les polices française et anglaise.

En mai 1881, M. X.., ingénieur électricien, fut victime de cet escroc dans les circonstances suivantes :

Palmer était descendu au Grand-Hôtel avec un complice nommé Jacques Hamilton. Les deux compères, qui se donnaient comme officiers de l'armée navale américaine, firent la connaissance de M. X... également descendu au Grand-Hôtel, dont ils captèrent la confiance.

Un jour à la terrasse du café de la Paix, Palmer

parvint à s'emparer du portefeuille de l'ingénieur contenant 10,000 francs en billets de banque, et le remplaça par le sien qui ne contenait que des billets de « Sainte-Farce ».

M. X... ne s'aperçut pas, tout d'abord, de cette désavantageuse substitution. Palmer et son complice jugèrent prudent de gagner l'Angleterre, où M. X... les rencontra peu après.

Sur la demande de notre compatriote, Palmer fut arrêté ; mais, comme le vol avait été commis en France, les autorités anglaises le remirent en liberté.

Quelques jours avant de dépouiller M. X..., Palmer et Hamilton avaient soustrait à M. Williamson, sujet américain, une somme de 400 dollars, une bague et une montre en or. Palmer fut enfin arrêté à Londres par Houlier, le 5 juin 1883. Il habitait alors une charmante villa située près de Londres, à Pickam. On le trouva porteur d'une quantité de billets de la banque « Sainte-Farce », grâce auxquels il commettait ses escroqueries. La 9ᵉ chambre correctionnelle, appréciant le merveilleux talent de Palmer, lui octroya 5 années de prison et 5 années de surveillance.

Le 3 octobre de la même année, Houlier arrêtait à Paris un nommé Bankers, de Liverpool, qui avait commis dans cette ville un vol de 20,000 francs. Bankers, à l'aide d'une fausse lettre, s'était fait remettre cette somme déposée par deux de ses associés dans une maison de banque.

Houlier découvrit le voleur à l'hôtel Cailleux, rue

Saint-Quentin, près de la gare du Nord, où il demeurait sous un faux nom avec sa maîtresse (on se souvient que l'hôtel Cailleux a déjà joué un rôle dans la recherche de l'homme brun, affaire Pranzini). Bankers fut mis à la disposition du gouvernement anglais qui avait réclamé son extradition.

DE 1885 A 1888

Le 15 mai 1885, Houlier recherchait et arrêtait à Paris un nommé Barton, dit Runicmann William, qui avait commis de nombreux faux en Angleterre.

Au moment où il fut arrêté à l'Hôtel Continental, où il était descendu sous un faux nom, Barton était porteur d'un carnet de chèques avec lequel il avait tenté de commettre des faux chez un chemisier de la rue du Quatre-Septembre. Le gouvernement anglais l'ayant réclamé, il fut extradé.

En janvier 1888, après une longue et difficile surveillance, Houlier arrêta les complices du vol avec effraction commis du 28 novembre 1887, au préjudice de M. de l'Epée, boulevard de la Madeleine.

Ces individus, qui tous avaient subi des condamnations tant en France qu'à l'étranger, se nommaient :

John-Henri Miller, dit « Crawcour », se faisant passer pour ingénieur ; Born in-Chicago, âgé de 46 ans ; Alfred Beadle, 62 ans, né à Brooklyn, se disant bijoutier, et logeant en garni, rue de Dunkerque ; John Turk, 61 ans, né à New-York, bookmaker, demeurant en garni, boulevard Denain ; John Bolln, 55 ans, né à New-York, demeurant hôtel d Amsterdam, et William Quail, 77 ans, « rentier », demeurant également rue d'Amsterdam.

Le 10 janvier, Houlier, accompagné par Bleuze, se rendait à Londres où, après d'actives recherches, il découvrait le domicile de Miller chez lequel il retrouvait plusieurs lettres desquelles il résultait nettement que le coquin était bien affilié à la bande qui avait dévalisé M. de l'Epée.

Houlier découvrit en outre à Londres les nommés Carr Wilson dit « Sauvage » et Jenny Coffee, recéleurs bien connus des voleurs de profession, chez lesquels bon nombre des objets volés boulevard de la Madeleine avaient été vendus.

L'AFFAIRE CATTIN

Un vol de 247,000 fr. en billets de banque ayant été commis au préjudice de la succursale de la Banque de France à Lyon, Houlier se rendit à Londres le 22 juillet 1888, pour rechercher les auteurs de ce vol, qui avait été commis dans les circonstances suivantes :

Le 2 juillet, Cattin, garçon de recettes à la Banque de France, était parti pour faire des recouvrements dans différentes maisons de banque de Lyon.

Tout d'abord il se rendit place des Terreaux à la Compagnie Paris-Lyon-Méditerranée où il encaissa un certain nombre de coupons. En sortant de la Compagnie il fut suivi par deux individus, les nommés Guérin Eddy et Franck Dago. Cattin se rendit alors ainsi escorté à la Société Lyonnaise, où il reçut des valeurs. Pour les compter plus à son aise, il déposa près de lui son portefeuille contenant pour 150,000 fr. de valeurs et 247,000 francs touchés en route dans une autre maison de banque.

Lorsqu'il reprit son portefeuille il s'aperçut avec stupeur qu'il était vide.

Des personnes présentes lui déclarèrent que deux individus, dont l'un tenait en masse une liasse de billets de banque qu'il enveloppait dans un journal, venaient de sortir précipitamment de la banque.

Guerin Eddy était le voleur; il avait vidé le portefeuille en un clin d'œil pendant que Franck Dago, se plaçant derrière Cattin, masquait son complice.

Le malheureux garçon de recettes eut beau se précipiter à la poursuite des deux individus qu'on lui avait signalés, il ne les aperçut pas et toutes les recherches faites pour les retrouver demeurèrent infructueuses.

Les hôtels et les gares furent surveillés en vain, les deux escrocs avaient pu quitter Lyon sans être remarqués.

Le 22 juillet, Houlier se rendit donc à Londres accompagné de deux habitants de Lyon qui avaient fort bien remarqué les deux voleurs.

Le mardi 24 juillet, Houlier se tenait en surveillance dans le « Tottenham Court Road », surveillant plus spécialement le restaurant Margaiti.

L'habile inspecteur s'était procuré, au cours de ses recherches, les photographies des deux voleurs dont il était parvenu à établir l'identité.

Il entra au restaurant Margaiti, montra les photographies en question et apprit que Guerin Eddy habitait la maison avec sa maîtresse. Les lois anglaises ne lui permettant pas de pénétrer chez l'escroc, Houlier fit cerner la maison par des agents anglais et continua sa surveillance.

Eddy, qui, regardait par sa fenêtre, ayant aperçu les agents anglais qu'il connaissait de vue, se rendit compte qu'on cherchait à l'arrêter et il songea aussitôt à fuir.

Sans prendre même le temps de se vêtir complètement, il descendit à l'aide d'un tuyau de descente des eaux, longeant le mur de derrière la maison et pénétra dans une maison voisine.

Il gagna la rue et, sautant dans un cab, offrit 100 livres au cocher s'il consentait à le conduire à la station de King-Cross.

Heureux d'une telle aubaine, l'automédon fouetta son cheval et partit à toute vitesse.

Cependant, les agents s'étaient aperçus de la fuite du filou, et s'étaient mis à sa poursuite.

Se voyant sur le point d'être rejoint, Eddy sauta de sa voiture, entra dans *Albany Public House*, enjamba les comptoirs et se réfugia finalement dans une petite cuisine où il se barricada. Profitant du moment de répit que lui assurait ce refuge ainsi défendu contre l'invasion des agents, il cacha soigneusement une somme de 40,000 fr. en billets de banque de 1,000 fr. chaque, qui fut d'ailleurs retrouvée par Houlier.

Eddy, malgré la vive résistance qu'il opposa aux agents, fut arrêté et conduit à la station de police de *Tottenham Court Road*. Il était encore porteur d'une somme de 20,000 francs, en banknotes et dollars.

Dans sa chambre, où une perquisition fut opérée, on trouva un bulletin de bagages laissés en consigne à la gare de Lyon, ce qui ne lui permettait plus de nier son séjour dans cette ville.

Houlier se rendit à Lyon, retira les bagages de la consigne et découvrit dans un petit sac de voyage un revolver chargé, une paire de gants dont l'index et le majeur du gant de la main gauche étaient rembourrés de coton. Or, Eddy avait précisément deux phalanges coupées à la main gauche.

Les preuves de sa culpabilité étaient accablantes.

Huit jours après, Houlier retourna à Londres et parvint à arrêter Franck Dago qui fut reconnu de la façon la plus formelle par les témoins qui, de nouveau, avaient accompagné Houlier.

Chez Dago, on découvrit une collection d'outils en acier, spécialement fabriqués pour forcer les coffres-forts les plus solides.

Dago fut extradé sans difficulté, mais Eddy se prétendit sujet américain, et pendant six mois il lutta énergiquement pour éviter d'être livré au gouvernement français.

La Banque de France dut, sur sa demande, faire

venir par deux fois un habitant de Chicago, qui prétendait que la famille de l'escroc habitait bien l'Amérique.

Enfin, la cour du Ban-de-la-Reine accorda l'extradition.

Houlier se rendit à Calais au devant d'Eddy et le conduisit à Lyon. La somme retrouvée sur lui se montait à 60,000 francs.

Eddy Guerin et Franck Dago ont été condamnés par la cour d'assises du Rhône à dix années de réclusion.

UN AFFILIÉ DE LA BANDE CATUSSE. — MENEGAUD DIT « TOUCHE-A-TOUT » ET ANSPACHER.

Pendant qu'il recherchait Eddy à Londres, Houlier fut informé qu'un vol avec effraction avait été commis à Pantin, le 22 août 1888, au préjudice d'un M. Benoit, par un nommé Menegaud, dit *Touche-à-Tout*, affilié à la bande Catusse, dont le lecteur a si souvent entendu parler depuis plusieurs mois.

Menegaud, qui avait commis seul ce vol, s'était enfui pour ne pas en partager le montant avec ses complices, ainsi pourtant qu'il était d'usage dans la bande à laquelle il appartenait.

Houlier, sachant que Menegaud s'était réfugié à Londres, se mit à sa recherche et l'arrêta le 31 août, neuf jours après le vol à *Stalf Moon Hotel*, où il était descendu depuis moins de 48 heures. Menegaud opposa une résistance désespérée, affirmant qu'il n'était pas coupable, et que d'ailleurs il ne se trouvait pas à Pantin le 22 août. Il était porteur d'un reçu de valeurs déposées par lui dans une maison de banque qui s'empressa de remettre lesdites valeurs à la justice, dès que son arrestation fut accomplie.

Ramené en France, Menegaud tenta de s'évader de la prison de Calais, où il avait été provisoirement interné. L'habile escroc, qui a déjà subi plusieurs condamnations en France, devra prochainement répondre en cour d'assises aux nouvelles et nombreuses accusations portées contre lui.

Le 28 septembre suivant, M. Goron, chef de la Sûreté, se rendit lui-même à Londres pour recueillir certains renseignements relatifs à Menegaud et à ses complices. Le 30, il se rendit accompagné de Houlier à Calais pour interroger Kériau, dit Menegaud, dit Touche-à-Tout, qui s'est refusé à fournir le moindre renseignement.

En quittant Calais, M. Goron, toujours accompagné de Houlier, s'est rendu à Bruxelles, pour y procéder à des recherches au sujet d'un nommé Edgard Anspacher, également affilié à la bande Catusse, Menegaud et Cie.

Après avoir parcouru Ostende, Anvers et Spa, ils revinrent à Bruxelles où Anspacher fut arrêté. Il habitait 30, boulevard de la Senne.

L'AFFAIRE JACQUES MEYER

Houlier quittait Paris le 26 novembre 1888, par

le train de 8 h. 30 du matin, et se rendait à Granville où il arrivait à 3 heures de l'après-midi, ayant pour mission de rechercher et d'arrêter Jacques Meyer, se faisant appeler Jules Michel, banquier, né à Paris, le 28 juillet 1851, inculpé de banqueroute frauduleuse.

Houlier descendit à l'hôtel de Paris et commença aussitôt ses recherches. Partout, Jacques Meyer était inconnu. Houlier se rendit alors auprès de M. Reinhart, commissaire spécial de la navigation, qui, après vérification sur le livre des passagers, lui déclara qu'aucun individu répondant au signalement de Meyer n'avait pris le bateau depuis le 14 novembre, et lui remit une lettre de recommandation pour M. Baudin, connétable à Jersey.

Houlier prit donc le lundi 26, à 3 heures du matin, passage sur le *Griffin*, et se rendit à Jersey où il descendit à l'hôtel du Palais de Cristal.

Accompagné de M. Cabot, commissaire de police, il se livra à des recherches et apprit que Meyer avait logé pendant la nuit du 16 au 17 novembre à l'hôtel de la *Pomme d'Or*, sous le nom de Jules Michel, venant de Saint-Malo, et que, le 17 au matin, il avait pris passage à bord de *La Diana*, à destination de Guernesey.

Dès le 27, Houlier s'embarqua pour Guernesey et se présenta à M. Garès, connétable de la ville, auquel il remit une lettre de recommandation du connétable de Jersey.

Houlier fut alors présenté à M. le procureur de la

reine qui donna aussitôt des ordres pour le faire accompagner partout ou besoin serait.

Houlier se rendit à l'hôtel de Paris. Jules Michel y était arrivé le 17, et le 20, vers onze heures du matin, un individu arrivé par le bateau de Southampton était venu le rejoindre. Cet individu, âgé de 45 ans environ, mesurant 1 m. 65, les cheveux grisonnants, la moustache forte, le teint coloré, d'une certaine corpulence, avait causé quelque temps avec le maître d'hôtel qui est de Dax et auquel il raconta que sa femme était du même pays que lui, qu'il avait deux filles, etc., etc.

Dès que Jules Michel, c'est-à-dire Meyer, l'avait aperçu, il s'était écrié : « Ah! voilà huit jours que je n'ai pas dormi! »

Pendant son séjour à Guernesey, Meyer avait reçu trois télégrammes, et, de son côté, il en avait envoyé plusieurs à Paris, où il avait également adressé plusieurs lettres.

Le jour même de l'arrivée de l'individu dont je viens de parler, Meyer était allé à la banque commerciale procéder à l'échange, pour de l'argent anglais, de trois billets de mille francs et de dix billets de cent francs. Il avait donné comme adresse : Jules Michel, hôtel de Paris, à Guernesey.

Sitôt cet échange opéré, il était rentré à l'hôtel annonçant son départ, et le lendemain, 21 novembre, ils s'était embarqué à destination de Southampton.

M. Androt, le directeur de l'hôtel, remit à Houlier

un télégramme que Jules Michel lui avait envoyé le 23, pour l'informer que, contrairement à son intention première, au lieu de descendre à l'hôtel de la Havane, il était descendu au Northen Western Hôtel où il faudrait lui faire adresser sa correspondance.

Le 28, Houlier se rendit à Southampton où il arriva le soir à 7 heures, et il apprit aussitôt que Jules Michel qui était descendu à l'hôtel de la Providence avec son compagnon, se faisant appeler Roger, en était reparti après quelques heures à destination de Londres.

Houlier acquit cependant la certitude que le banquier en fuite s'était dirigé sur Liverpool. Il se rendit à Londres le 28, y arriva à 11 heures, et à minuit il prit le train de Liverpool, où il arriva le 29, à 7 heures du matin.

Houlier courut aussitôt à l'hôtel de la Havane. Meyer, toujours sous le nom de Jules Michel, y avait logé la nuit du 22 au 23, et, ne trouvant pas l'hôtel assez confortable, était allé loger au « Northen Western Hôtel ».

Jacques Meyer, le 24, était sorti avec M. William Rœbers, interprète, pour acheter tous les journaux français, ainsi qu'une grande malle chapelière du prix de 75 fr. qu'on devait lui livrer après y avoir opéré quelques changements. Pendant son absence, un individu, arrivé par le train de trois heures, avait demandé après lui, et à quatre heures, il était revenu au moment même où Meyer rentrait de sa promenade.

Ce dernier avait paru très surpris de cette visite et s'était enfermé dans sa chambre avec son visiteur, après avoir envoyé l'interprète faire quelques courses. Un peu plus tard, Meyer avait de nouveau envoyé William Rœbers chercher deux billets pour Manchester et, à 5 heures, il prenait, en compagnie de son visiteur, le train pour cette ville, après avoir prié l'interprète de prendre livraison de la malle qu'il avait commandée et payée et au sujet de laquelle il lui donnerait par lettre ses instructions.

En quittant l'hôtel, Meyer avait prié le directeur de lui adresser sa correspondance à Londres, « Post Office Trafalgar square, Charing Cross ». Il s'était, pendant son séjour à Liverpool, beaucoup occupé des départs de bateaux pour le Canada, le Cap, New-York et la Plata.

Houlier, accompagné par M. Caminade, chef inspecteur de police, se rendit à Manchester et s'y livra à des recherches vaines.

Il revint à Liverpool et le soir même en repartit pour Londres où il exerça une active surveillance à la gare de Saint-Pancrace et à la poste de Charing-Cross.

Houlier ayant acquis la certitude que Meyer était parti de Londres par la gare de Charing-Cross à destination soit de Paris, soit de Bruxelles, rentra à Paris et rendit compte de ses démarches à M. Goron.

Quelques jours après il se rendit à Bruxelles pour surveiller une charmante actrice parisienne qui donnait quelques représentations au théâtre des

Galeries Saint-Hubert, et qu'on soupçonnait d'entretenir des relations avec Meyer.

Houlier s'installa dans l'hôtel même où habitait mademoiselle X...

Le 18 janvier, le brigadier Soudais arrivait à Bruxelles en possession de l'adresse de M. de Bullemont, ancien employé de la Préfecture de police, chez lequel on avait toutes raisons de penser que Meyer se cachait.

Soudais et Houlier se rendirent au Parquet de Nivelles, où le procureur du roi et le juge d'instruction leur remirent les pièces régulières, nécessaires à l'accomplissement de leur mission.

Le lendemain 19 janvier 1889 ils se rendaient chez M. de Bullemont, à la Hulpe, accompagnés de deux gendarmes belges, après s'être présentés chez M. Cassagne, bourgmestre de la localité, et arrêtaient Jacques Meyer qui se trouvait en effet chez son ami.

On voit, par le récit qui précède, quelle activité Houlier a dû déployer dans cette chasse à l'homme et l'on se rend aisément compte que seul, grâce à sa connaissance de la langue anglaise, il était à même d'entreprendre de telles recherches.

Le lecteur sait combien de temps durèrent les formalités d'extradition. Je ne m'étendrai pas davantage sur cette affaire, qui a déjà fait tant de bruit. Je rappellerai pour mémoire que M. Thévenet, actuellement ministre de la justice, était le conseil de Meyer et qu'il se rendit même à Bruxelles pour protester contre une arrestation qu'il prétendait alors n'être pas légale.

Jacques Meyer a été condamné par la 10ᵉ chambre correctionnelle à un an de prison et 3,000 d'amende !!

Contrairement à ce que l'on attendait, les débats n'ont offert aucun intérêt.

Les fameuses révélations annoncées ne se sont pas produites. Il reste cependant constant pour tous ceux qui ont suivi cette affaire que Meyer s'est tu, comptant sur l'indulgence du tribunal et que c'est uniquement là le motif qui a fait que des noms murmurés par tous, n'ont pas été prononcés à l'audience.

Les scandales soulevés par cette affaire sont présents à la mémoire de tous je m'abstiendrai d'y revenir.

LE SOUS-BRIGADIER CLAIRET

ENCORE QUELQUES MOTS.

J'aurai pu présenter au lecteur l'un après l'autre tous les agents de la police de Sûreté, car tous ont à leur actif des actes de courage et de dévouement et tous se sont signalés dans l'accomplissement des fonctions délicates dont ils ont été chargés. Il m'a fallu choisir et ne citer que les principaux d'entre eux, quitte à revenir un jour sur un sujet si plein d'intérêt et à présenter alors au public ceux dont il ne m'a pas été possible de parler.

Je ne voudrais pourtant pas terminer cette étude sans nommer les agents Vautrin, Prouvère, Lasserre, Peltier, Walhen et Weber qui sont des mieux notés. Je ne veux pas oublier non plus l'agent Paris, un artiste, un dilettante, très actif, très fin, qui a réussi de très belles affaires.

C'est lui qui ayant acheté une voiture, un cheval, différents bijoux, a parcouru pendant trois mois une province du centre de la France, comme voyageur en bijouterie et qui est ainsi parvenu à découvrir et à arrêter l'auteur de nombreux incendies, qui n'était autre qu'un gros propriétaire de la région.

C'est encore Paris qui, recherchant un audacieux escroc, ayant déménagé sans laisser d'adresse et soupçonnant la concierge de connaître son nouveau domicile, emprunta un camion sur lequel il chargea des malles désignées comme fragiles, et obtint ainsi l'adresse qu'il cherchait. En effet, la concierge qui était complice de l'escroc, supposa que ces malles contenaient des objets précieux, et fit connaître le refuge du filou qui fut arrêté.

Quelques mots à présent du sous-brigadier Clairet, et quand j'aurai parlé du service anthropométrique et du service photographique, j'aurai terminé cette étude rapide.

LE SOUS-BRIGADIER CLAIRET

Le sous-brigadier Clairet, un des agents les plus estimés du service de la Sûreté, appartient à la « Permanence ». Un crime vient-il d'être commis, à n'importe quelle heure de la nuit, Clairet se met en route. Des coups de couteau ont-ils été donnés ou échangés, vite il part et jamais il ne revient sans avoir arrêté l'assassin.

Son flair ne le trompe pas, il sait où se diriger et connaît à fond les coins et recoins du Paris nocturne.

Louis-Dominique Clairet est né le 9 juillet 1843,

à Montbrison (Loire). Fils d'honorables cultivateurs, il s'est engagé volontaire à dix-sept ans et demi, pour sept années, au 3e régiment de chasseurs d'Afrique, à Constantine.

Il fit partie, à peine ses classes terminées, de plusieurs colonnes expéditionnaires dans le sud et dans l'est de la province de Constantine. En juilllet 1864, il passa au 3e régiment de spahis et rejoignit son escadron à la smala d' « Aïn Guettar », cercle de « Souk-Arras », sur la frontière tunisienne. A différentes reprises il se lança à la poursuite des Kroumirs et des Oulids-Boughaniens, qui faisaient des razzias fréquentes chez les tribus soumises.

De retour d'une marche de trois mois à travers le Sahara et les dunes mobiles de l'Oued-Souf, n'ayant vécu que de biscuits et de turlutins, Clairet fut versé aux éclaireurs sous les ordres du colonel Goursault et revint en France pour faire campagne contre l'Allemagne.

Blessé d'un coup de feu à la jambe droite, au combat d'Azié (Loir-et-Cher), le 6 janvier 1871, Clairet passa la nuit sur le champ de bataille. Le lendemain, vers dix heures du matin, il fut ramassé par quatre Bavarois qui le transportèrent dans l'église d'Azié, puis à Vendôme dans une ambulance prussienne.

Deux mois après, Clairet qui était prisonnier fut conduit à Tours, d'où il parvint à s'évader la nuit en traversant la rivière d'Azié-le-Rideau, entre Tours et Château-Chinon.

Il dut éviter les avant-postes de l'armée de Frédérick-Charles qui avait envahi tout ce département d'Indre-et-Loire.

A peine eut-il rejoint son corps qu'il reçut l'ordre de rentrer en Algérie. Il prit part à l'expédition de Kabylie puis enfin, il fut réformé le 1er mars 1872 par congé n° 1 par suite de blessures reçues dans le service.

Rentré en France, il fut, le 1er mai de la même année, attaché à la brigade des Halles, sous les ordres de M. Meunier, officier de paix. Il y resta jusqu'en 1875, Il passa alors à la brigade des Voitures, et, en août 1881, il fut admis à faire partie du personnel de la police de Sûreté, sous les ordres de M. Macé.

Nommé sous-brigadier en 1885, il fut placé en cette qualité au service de la Permanence, où il se distingue tous les jours par son zèle, et par le rare bonheur avec lequel il réussit toutes les affaires dont il s'occupe.

Claret a notamment arrêté à Grenelle le nommé Lepage, qui avait aidé Gateau son beau-frère à assassiner en octobre 1885 madame veuve Moreau, près de Laon (Aisne), Pendant que Gateau tuait à coups de couteau la malheureuse femme, Lepage lui tenait les jambes pour l'empêcher de se débattre.

Gateau fut exécuté à Laon, et Lepage fut condamné aux travaux forcés à perpétuité.

En 1886, il procéda avec trois de ses collègues et non sans avoir tous reçu quelques blessures, à l'arrestation, 8, rue Royer-Collard, du nommé Dubois, l'un des auteurs du meurtre commis sur la personne de M. Clerc, employé à l'Ecole des sourds et muets.

Il arrêta également les frères Clérin et la maîtresse de l'un d'eux, la fille Belanger, qui, après avoir, dans un bal-musette de la rue des Carmes, volé la montre d'un nommé Jacques, lui avaient porté quatre coups de couteau et avaient à sept reprises également frappé son ami Cassart qui tentait de le défendre contre eux.

Il serait difficile de citer par le détail toutes les arrestations opérées par le sous-brigadier Clairet; je me contenterai de signaler les principales.

En 1887, Clairet arrêta le nommé Bessin qui avait tiré à bout portant un coup de revolver sur le nommé Dregny.

En mars de la même année, il captura les nommés Hazochi, Remy, Girard et Sauterey, accusés de tentative de meurtre sur un mécanicien nommé Eugène Niquet.

En mai, il arrêta Antoine Guarnieri, souteneur des plus redoutés, qui avait tué à coups de couteau le nommé Antoine Rosting, âgé de 27 ans, qui venait de passer un instant avec sa maîtresse et qui lui avait remis en paiement une pièce belge de vingt centimes pour une pièce de un franc.

Prévenu par sa maîtresse, Guarnieri se jeta à la poursuite du malheureux Rosting, le rejoignit dans la rue de Villejuif, et le tua, bien que le pauvre diable lui ait remboursé la somme réclamée.

Clairet reçut de vives félicitations au sujet de cette

arrestation. Guarnieri ne fut condamné qu'à douze ans de travaux forcés !

Toujours en 1887, Clairet arrêta les nommés : Prokasky, pour tentative de meurtre ; Emile Tourneux, qui avait frappé M. Charles Hector de deux coups de couteau ; Louis Aleonard et Jules Penot ; Lasolgne, Doré, etc., etc., tous accusés de meurtre ou de tentative de meurtre.

En 1888, les principales arrestations opérées par Clairet furent celles des nommés : Louis Noguet, âgé de vingt-un ans, un dangereux souteneur évadé du Dépôt, accusé de plusieurs meurtres ; Hippolyte Mijoul, le chef de la bande des anciens garçons laitiers qui dévalisaient les laiteries ; Pellegrini, qui avait par jalousie frappé de trois coups de couteau une fille soumise ; Gustave Morin qui, sans raison, avait frappé de cinq coups de couteau, au sortir d'un bal, le nommé Jean Nicolas ; Octave Gilquin, soldat à la 22e section d'ouvriers d'administration disparu emportant 1,742 fr. que lui avait confiés l'officier d'administration. Gilquin fut arrêté dans une maison de tolérance. Il avait déjà dépensé 800 fr.

Je m'arrête ; il me faudrait encore bien des pages pour citer toutes les arrestations dangereuses opérées par l'intrépide sous-brigadier. J'ajouterai seulement que presque toutes ces arrestations ont été faites la nuit, sans aucun autre renseignement que ceux obtenus par Clairet au cours même de ses recherches.

M. BERTILLON

QUELQUES MOTS DE L'ANTHROPOMÉTRIE

M. Alphonse Bertillon, chef du service d'Identification à la Préfecture de police, et qui a rang de commis principal, a organisé depuis déjà quelques années le service anthropométrique qui a déjà rendu et qui rendra encore tant de services à la police de Sûreté pour la recherche des malfaiteurs et l'établissement de leur véritable état civil.

La méthode employée pour la reconnaissance des récidivistes qui déclarent un faux état-civil est basée sur un système de signalements dits « anthropométriques », c'est-à-dire dont les indications reposent essentiellement sur la connaissance des diverses longueurs osseuses, relevées sur le sujet examiné, telles que la taille, la longueur du doigt medius, du pied, la longueur et la largeur de la tête, etc.

De plus autorisés que moi ont déjà très longuement décrit et le service anthropométrique et les services qu'il rend.

Je me contenterai donc d'en dire quelques mots pour compléter mon étude sur la Sûreté, auquel ce ce service est directement rattaché, renvoyant le lecteur aux ouvrages très complets qui ont été publiés concernant l'anthropométrie et le mécanisme du procédé.

Et d'ailleurs je ne saurais mieux faire que de citer ces quelques lignes extraites d'une brochure publiée par M. Bertillon, pour que chacun comprenne l'importance de ce service.

» La *diminution* de la détention préventive qui résultera de ces opérations sera souvent considérable, notamment pour les inculpés qui cachent leur identité, en vue d'échapper à la relégation. Aussi le gardien-chef, qui, en présence d'un cas de dissimulation d'identité bien établi, négligerait d'avoir recours, — *sur son initiative personnelle*, — à une recherche dans la collection centrale, serait certainement fautif, et serai ainsi moralement responsable des dépenses supplémentaires qu'il aurait occasionnées par sa négligence.

» Les directeurs de circonscriptions pénitentiaires ne doivent pas oublier que le but final de leur profession serait, si possible, d'arriver à la disparition de la *délinquance*.

» Il est évident que tout perfectionnement dans la répression des délits peut être considéré comme tendant à amener ce résultat, en décourageant le malfaiteur avant l'action.

» La centralisation des recherches judiciaires, policières et militaires n'avait pas encore été faite en France d'une façon absolue, pas plus que leur collationnement avec les arrestations de chaque jour. C'est là une lacune indispensable à combler.

» Jusqu'à présent les juges d'instruction, toutes les fois que quelques indices leur faisaient soupçonner l'existence d'une pièce de ce genre, s'adressaient, soit à la Sûreté à Paris, soit au département d'origine quand le prévenu daignait ne pas le leur cacher. Maintenant la recherche devrait se faire d'office.

» Doublée de l'anthropométrie, qui ne voit les conséquences qu'une collection de ce genre amènera dans l'exécution des arrêtés d'expulsion et d'interdiction, dans les poursuites pour désertion et insoumission, dans la répression des délits en général?

» Si ces résultats immenses sont obtenus par l'administration pénitentiaire sans augmentation ni de personnel, ni de dépenses, nul doute que son prestige devant l'opinion publique et ses représentants légaux n'en soit accru et qu'elle ne reçoive ainsi la juste récompense de ses efforts. »

Je n'ajouterai rien à ces quelques lignes, si ce n'est que le but poursuivi est atteint et que grâce à l'anthropométrie les récidivistes sont mis dans l'impossibilité de cacher un passé qui forcément majorera la peine nouvelle qui doit les frapper.

M. BAZARD

LE SERVICE PHOTOGAPHIQUE

Le service photographique créé en 1874, par M. Léon Renault, préfet de police, appartenait directement à cette administration.

Un arrêté de M. Léon Bourgeois, préfet de police, rattachait, le 1er février 1888, cet important service et celui de l'anthropométrie au service de la Sûreté.

Dès le début, M. Edouard Bazard, inspecteur de la police municipale, était chargé de l'organisation de la photographie et passait successivement sous-brigadier, brigadier et enfin inspecteur principal. Né le 13 octobre 1843, à Nixeville (Meuse), M. Bazard, ex-sergent-major au 37e de ligne, après avoir fait, de 1864 à 1869, les campagnes d'Afrique, prenait part à la guerre franco-allemande et recevait la médaille militaire pour prix de sa belle conduite pendant la guerre.

M. Bazard, libéré du service, entrait à l'administration le 15 mars 1873.

Son premier aide au service photographique, le brigadier Jean Paradeis, est né à Hettange Grande (Moselle), le 27 août 1845.

Ex-sergent-major au 96e de ligne, blessé à Gravelotte comme sergent-fourrier au 1er voltigeurs de la Garde, M. Paradeis est entré à l'administration le 1er avril 1872.

C'est donc, je l'ai dit, en 1874 que M. Léon Renault, se rendant compte des services très grands que pouvait rendre la photographie, créa ce service de ses propres ressources.

Il choisit M. Bazard qui devint photographe pour la circonstance, et qui aujourd'hui peut être considéré comme une opérateur de premier ordre.

Au début, on se borna, en raison de la modicité des ressources, et de l'outillage fort primitif, à photographier les criminels de « marque ». Plus tard, à mesure que les services rendus devenaient plus certains, on étendit à d'autre inculpés l'épreuve photographique.

Le parquet, devinant tout le parti qu'il pourrait tirer de ce service par la reproduction des principales scènes des crimes, des lieux où ils avaient été commis, de leurs auteurs et des victimes, employa à son tour la photographie.

Dès lors, le jour du jugement, les jurés purent voir, grâce à la photographie, se dérouler sous leurs yeux toutes les phases du crime dont ils avaient à juger les auteurs. Une série de photographies leur représentait la disposition des lieux, la place où était tombée la victime dont ils comptaient le nombre de blessures. En un mot, ils assistaient au crime dont ils revivaient toutes les phases et jugeaient en parfaite connaissance de cause.

D'autre part, la Morgue fournissait à la photographie une très vaste matière à reproduction.

Les corps non reconnus formèrent une collection des plus curieuses et un des documents les plus utiles de la Préfecture.

Dans un autre ordre d'idées, la photographie rendit de grands services aux familles. Les enfants égarés ou abandonnés, les aliénés inconnus ou échappés à la surveillance de leurs parents furent photographiés et leur image facilita beaucoup leur reconnaissance.

La photographie devait rendre encore bien d'autres services, je veux parler de la reproduction des documents écrits.

Le faux accompli d'une main qui se croyait certaine, sur un livre de caisse par exemple, fut reconstitué et mis sous les yeux de l'inculpé, dont il forçait l'aveu.

Un document pouvait être ainsi conservé à tout jamais et servir de preuve accablante au moment psychologique.

Les lavages, grattages de titres, de reconnaissances du Mont-de-Piété, invisibles à l'œil, même avec le secours d'une loupe, devinrent apparents et révélèrent le crime.

On voit par ce qui précède de quel auxiliaire puissant la Préfecture s'était munie. La besogne des agents se trouvait simplifiée par la substitution de l'image exacte du sujet à rechercher au signalement banal et le plus souvent inexact.

L'ANCIENNE ET LA NOUVELLE INSTALLATION

Au début, la photographie était installée dans deux petites pièces situées à l'entresol de l'hôtel du préfet, 7, boulevard du Palais.

Dans ces deux pièces on développait les clichés, on virait et on collait.

Une autre pièce attenante servait à classer les archives, c'est-à-dire 150,000 portraits.

Pour la pose, on avait aménagé une soupente du Palais de Justice, dont une partie de la toiture avait été remplacée par un vitrage.

Cette installation primitive dura quatorze ans. Là posèrent Billoir, Moyeux, Lebiez et Barré, Gamahut, Campi, Marchandon, Pranzini, Prado et tant d'autres.

Aujourd'hui, le service photographique de la Préfecture de police est somptueusement et confortablement installé dans les dépendances du Dépôt, où de vastes greniers ont été tout spécialement aménagés.

Les opérateurs ont un superbe atelier. Des appareils nouveaux sont venus compléter la collection des chambres noires de toutes dimensions.

M. Bazard, le très habile chef du service photographique, est devenu un excellent opérateur, et le public peut se rendre compte *de visu* des remarquables travaux qu'il exécute, classe XII, au palais des Arts libéraux, où se trouve son exposition particulière.

On doit à M. Bazard une « chambre » d'un modèle très ingénieux et des plus faciles à transporter.

Outre le brigadier Paradeis, qui, plus spécialement chargé de la partie administrative, tient la comptabilité, classe les clichés, les épreuves et les collections, M. Bazard est encore secondé par MM. Lissonde et Dugaut, deux opérateurs consciencieux et habiles.

MM. Dion, Chapinet, Poulet, Geoffray et Benoit sont chargés des travaux de préparation du papier, du tirage, du virage, du collage des épreuves, etc..

Tous ces divers agents, employés commissionnés de la Préfecture de police, ont assisté à l'inauguration du service photographique et participé à son développement.

Enfin, pour faire apprécier l'importance du service photographique, il me suffira d'ajouter qu'en dehors des grandes épreuves judiciaires, on photographie par jour de 35 à 40 détenus, de face et de profil.

Inutile d'ajouter que pour qu'il soit possible d'effectuer de promptes et utiles recherches, il faut chaque jour tirer les portraits, les coller et les classer, après avoir inscrit l'état civil au dos de chaque carte.

J'ai terminé maintenant l'étude imparfaite que j'avais entreprise et que je complèterai probablement un jour. Le lecteur s'est rendu compte du but que je poursuivais, que j'avais d'ailleurs indiqué et qui peut se résumer ainsi : la réhabilitation auprès du public des agents de la police de Sûreté, dont le courage, l'abnégation et la parfaite honorabilité sont hors d'atteinte.

FIN

Émile Colin. — Imprimerie de Lagny.

LIBRAIRIE E. DENTU
3, Place de Valois (Palais-Royal), Paris.

NOUVELLE BIBLIOTHÈQUE CHOISIE
DE
ROMANS MODERNES

La nouvelle Bibliothèque choisie, bien qu'à très bon marché, est imprimée avec soin sur papier glacé. Son nouveau format grand in-32, élégant et portatif, et le choix varié de ses auteurs, tous aimés du public, lui ont dès son début assuré une grande vogue. Chaque volume contient 300 à 350 pages, et environ 10,000 lignes.

Prix : 1 franc le volume, 1 fr. 25 *franco.*

EN VENTE 150 VOLUMES

Un Ancien Magistrat.	Le Dernier des réfractaires.	1 vol.
Alfred Assollant.	Une Ville de garnison. . .	1 —
—	Un Mariage au Couvent . .	1 —
—	Deux Amis en 1792. . . .	1 —
—	Mémoires de Gaston Phœbus.	1 —
—	Rose d'Amour	1 —
—	La Mort de Roland. . . .	1 —
—	Chiffon.	1 —
—	Hyacinthe. . . *à paraître.*	1 —
—	Léa . . . . . (*id.*)	1 —
—	Les Crimes de Polichinelle(*id.*)	1 —
—	Le Docteur Judassohn. (*id.*)	1 —
Xavier Aubryet.	Madame ou Mademoiselle. .	1 —
Philibert Audebrand.	Les mariages d'aujourd'hui.	1 —
Eugène d'Auriac.	D'Artagnan	1 —
Paul Avenel.	Les Étudiants de Paris. . .	1 —
Élie Berthét.	Richard le Fauconnier. . .	1 —
—	Le Crime de Pierrefitte . .	1 —
—	La Sœur du Curé.	1 —
—	L'Œil de diamant. . . .	1 —
—	Le Martyre de la Boscotte. .	1 —
F. du Boisgobey.	La Peau d'un autre. . . .	2 —
—	Une Affaire mystérieuse. .	1 —

F. du Boisgobey.	L'Auberge de la Noble-Rose.	1 vol.
—	Le Pignon maudit.	2 —
Alexis Bouvier.	Monsieur Trumeau.	1 —
—	Caulot le Garde-Chasse.	1 —
—	La Bouginotte.	1 —
Champfleury.	Les Bourgeois de Molinchard.	1 —
—	Chien-Caillou.	1 —
—	Aventures de Mademoiselle Mariette.	1 —
—	L'Usurier Blaizot.	1 —
—	La Pasquette.	1 —
—	Monsieur de Boisdhyver.	1 —
—	Les Souffrances du professeur Delteil.	1 —
De Cherville.	Aventures d'un chien de chasse.	1 —
—	Contes d'un buveur de cidre.	1 —
Jules Claretie.	Mademoiselle Cachemire.	1 —
—	Pierrille.	1 —
Augusta Coupey.	L'Orpheline du 41ᵉ.	1 —
—	Marielle.	1 —
Ernest Daudet.	Une Femme du monde.	1 —
—	Un Martyr d'amour.	1 —
—	Aventures de trois jeunes Parisiennes.	1 —
—	Les Amoureux de Juliette.	1 —
—	Henriette.	1 —
—	La Petite Sœur.	1 —
—	Le Père de Salviette.	1 —
—	Le Roman de Delphine.	1 —
Louis Depret.	Trois Amours.	
—	Deux Cœurs sensibles.	1 —
Charles Deslys.	Les Dix-sept ans de Marthe.	1 —
—	La Fille à Jacques.	1 —
—	Fanfan La Tulipe.	1 —
—	Les Compères du Roy.	1 —
—	Les Bottes vernies de Cendrillon.	1 —
—	L'Oncle Antoine.	1 —
Louis Desnoyers.	Jeunes filles et jeunes femmes.	1
Charles Dickens.	Le Crime de Jasper.	2 —
Charles Diguet.	Les Amours de la Duchesse.	1 —

Charles Diguet.	La Vierge aux cheveux d'or.	1 vol.
—	Histoire galante de Henri IV	1 —
Étienne Énault et L. Judicis.	Le Vagabond.	1 —
—	L'homme de Minuit	1 —
Étienne Énault.	Danielle	1 —
—	Les Drames de la jeunesse	1 —
—	Le Roman d'une Altesse	1 —
H. Escoffier.	Le Mercier de Lyon.	1 —
—	Le Collier maudit	1 —
J. Fiévée.	La Dot de Suzette	1 —
Emile Gaboriau.	Le Capitaine Coutenceau.	1 —
Emmanuel Gonzalès.	Les Sept Baisers de Buckingham	1 —
—	Les Mémoires d'un ange	2 —
—	Les Frères de la Côte.	1 —
—	Le Vengeur du Mari	1 —
—	Les Deux Favorites.	2 —
—	La Sorcière d'Amour.	2 —
—	La Fiancée de la mer.	1 —
—	L'Hôtesse du Connétable.	1 —
—	L'Épée de Suzanne.	1 —
—	Les Amours du Vert-Galant.	1
—	La Servante du Diable	1 —
—	Les Gardiennes du Trésor	1 —
Théodore de Grave.	Les Drames de l'Épée.	1 —
Constant Guéroult.	Aventures cavalières	1 —
—	La Bourgeoise d'Anvers	1 —
—	Le Luthier de Rotterdam.	1 —
Robert Halt.	Une Cure du docteur Pontalais	1 —
—	Madame Frainex	1 —
Arsène Houssaye.	Le Violon de Franjolé.	1 —
Charles Joliet.	Une Reine de petite ville.	1 —
—	La Novice du Trianon	1 —
—	Le Roman de deux jeunes mariés	1 —
—	Fanfinette.	1 —
—	Papiers de famille	1 —
Louis Judicis.	La Folle d'Apremont	1 —
Henri de Kock.	Un Drôle de voleur.	1 —
—	L'Amoureuse de son mari	1 —
Mary Lafon.	La Boîte d'Or	1 —

A. de Lamartine.	Fior d'Aliza	1 vol.
G. de La Landelle.	Un Corsaire sous la Terreur.	1 —
—	L'Amour de Ninette . . .	1 —
—	Une Haine à bord	1 —
—	Les Femmes à bord . . .	1 —
—	Le Mouton enragé	1 —
Armand Lapointe.	La Reine du faubourg. . .	1 —
—	Le Roman d'un médecin. .	1 —
—	Les Sept hommes rouges. .	1 —
Alex. de Lavergne.	La Belle Aragonaise . . .	1 —
Hippolyte Lucas.	Les Cahiers roses de la Marquise.	1 —
E.-M. de Lyden.	Maître et maîtresse. . . .	1 —
Auguste Maquet.	La Maison du Baigneur . .	2 —
Michel Masson.	La Jeune Régente	1 —
Mie d'Aghonne.	Le Vampire aux yeux bleus.	1 —
Henri Monnier et Elie Berthet.	L'Ami du Château. . . .	1 —
Xavier de Montépin.	Une Fleur aux enchères . .	2 —
—	Le Dernier des Courtenay .	1 —
Eugène Moret.	Confession d'une jolie femme	1 —
Eugène Muller.	Madame Claude.	1 —
—	La Mionnette.	1 —
—	Pierre et Mariette	1 —
Paul de Musset.	Une Vie du diable	1 —
Nadar.	Quand j'étais étudiant . .	1 —
—	La Robe de Déjanire . . .	1 —
—	Le Miroir aux alouettes . .	1 —
Victor Perceval.	Les Feux de paille	1 —
—	Les Vivacités de Carmen. .	1 —
—	Une Chanoinesse de dix-sept ans	1 —
Paul Perret.	Histoire d'un honnête homme, etc.	1 —
—	Monsieur Faust.	1 —
—	La Belle Renée.	1 —
Ponson du Terrail.	Diane de Lancy.	1 —
—	Le Page Fleur-de-Mai. . .	1 —
—	Le Bal des victimes . . .	1 —
Tony Révillon.	Le bon Monsieur Jouvencel .	1 —
—	Deux Compagnons. . . .	1 —
—	Histoire de trois enfants. .	1 —

Tony Révillon.	La Séparée.	1 —
—	La Bourgeoise pervertie	1 vol.
Emile Richebourg et E. de Lyden.	Les Amoureuses de Paris	2 —
Émile Richebourg.	Histoire d'un Avare, d'un Enfant, etc.	1 —
—	Quarante mille francs de dot.	1 —
—	La Belle Tiennette	1 —
Paul Saunière.	Un Gendre à tout prix.	1 —
—	Le Capitaine Belle-Humeur	1 —
—	Le Roi Misère.	2 —
—	La Capote rose	1 —
—	Papa Lagratte.	1 —
—	Les Écumeurs de rivières.	1 —
—	Un Drame sous la Régence.	1 —
Albéric Second.	La Jeunesse dorée	1 —
—	Les Demoiselles du Ronçay	1 —
—	La Semaine des Quatre-Jeudis	1 —
—	La Vicomtesse Alice	1 —
Anaïs Ségalas.	Les Rieurs de Paris	1 —
—	Les Romans du wagon	1 —
—	Les Deux fils.	1 —
André Theuriet.	Madame Véronique	1 —
—	Le Secret de Gertrude.	1 —
Frédéric Thomas.	Un Coquin d'oncle.	1 —
—	L'Héritier du chien.	1 —
Victor Tissot	Voyage à la recherche du bonheur.	1 —
Timothée Trimm.	Les Mémoires de Lisette.	1 —
Pierre Zaccone.	Les Aventuriers de Paris.	1 —
—	La Dame d'Auteuil.	1 —
—	Mémoires d'un commissaire de police	2 —
—	Les Mansardes de Paris	1 —
—	L'Inconnu de Belleville	1 —
—	Blanchette	1 —
—	La Bohémienne.	1 —

BIBLIOTHÈQUE CHOISIE

DES CHEFS-D'ŒUVRE

FRANÇAIS ET ÉTRANGERS

à 1 franc le volume ; 1 fr. 25 *franco*.

Élégamment cartonné en toile anglaise imprimée, 1 fr. 25

Chaque volume de cette nouvelle bibliothèque est imprimé avec soin sur beau papier vélin glacé, et contient 300 à 350 pages et environ 10,000 lignes.

EN VENTE :

André Chénier. — Œuvres poétiques	1 vol.
Ovide. — L'Art d'aimer. — Les Amours	1 —
Hamilton. — Histoire amoureuse de la Cour d'Angleterre	1 —
Voltaire. — Candide. — Zadig et l'Ingénu	1 —
Xavier de Maistre. — Œuvres complètes	1 —
Boccace. — Contes	1 —
Brillat-Savarin. — Physiologie du goût	1 —
Diderot — Contes, Nouvelles et Mélanges	1 —
P.-L. Courier. — L'Ane d'or. — Daphnis et Chloé	1 —
Sterne. — Voyage sentimental, suivi des Amours de mon oncle Tobie	1 —
Suétone. — Rome galante sous les Césars	1 —
Marguerite de Valois. — Les Contes de la reine de Navarre	1 —
J. de la Fontaine. — Contes et nouvelles	1 —
Molière. — Œuvres choisies	1 —
Brantôme. — Vie des dames galantes	1 —
Champfort et Rivarol. — Œuvres choisies	1 —

Mirabeau. — Lettres d'amour à Sophie.	1 vol.
Beaumarchais. — Théâtre choisi.	1 —
Lesage. — Le Diable boiteux.	1 —
Gœthe. — Werther. — Hermann et Dorothée.	1 —
Voisenon. — Contes légers	1 —
Piron. — Poésies badines.	1 —
Ch. de Brosses. — L'Italie galante et familière.	1 —
Caylus. — Contes et Facéties.	1 —
Nouveaux contes à plaisir, tirés des Cent Nouvelles nouvelles.	1 —
Abbé Prévost. — Manon Lescaut.	1 —
Cazanova. — I. Amours de jeunesse.	1 —
— — II. L'Amour à Venise.	1 —
Grécourt. — Contes et chansons.	1 —
Hoffmann. — Contes fantastiques.	1 —
Stendhal. — Physiologie de l'amour.	1 —
Voltaire. — La Pucelle.	1 —
Gérard de Nerval. — Les Femmes du Caire.	1 —
Parny. — Poésies complètes.	1 —
Augustin Thierry. — Récits des temps mérovingiens	1 —
Les Heures perdues d'un Cavalier français, par un contemporain de Brantôme.	1 —
Louvet de Couvray. — Les Amours de Faublas.	1 —
Bonaventure Des Périers. — Contes et joyeux Devis.	1 —
Benjamin Constant. — Adolphe, suivi des aventures du faux chevalier de Warwick, par la marquise de Tencin.	1 —
XXX. — Histoire d'Héloïse et d'Abailard.	1 —
Mme de Staël. — De l'Allemagne.	1 —
***. — Les Quinze Joyes du Mariage.	1 —
Boufflers. — Contes en prose et en vers.	1 —
Diderot. — La Religieuse.	1 —
Henri Heine. — Tableaux de voyage (REISEBILDER).	1 —
Tschocké. — Contes suisses.	1 —

LE
NOUVEAU DÉCAMÉRON
CONTES ET NOUVELLES
PAR LES PREMIERS LITTÉRATEURS CONTEMPORAINS

10 volumes illustrés.

Prix de chaque volume, broché. . . . . 6 fr. »
Joli cartonnage, fers spéciaux. . . . . 7 fr. 50

Le *Nouveau Décaméron* sera l'une des plus magnifiques publications du xixe siècle ; on peut affirmer qu'elle est absolument sans exemple dans la littérature et dans la librairie contemporaines.

Disons en quelques mots le plan de cet ouvrage, qui comprend dix volumes.

On sait que le conte, — une des gloires des Lettres françaises, — le conte de la reine de Navarre, de La Fontaine, de Voltaire, et de Diderot, rénové par les plus illustres écrivains de notre temps, est en grande faveur auprès du public. Le moment était donc bien choisi pour entreprendre de réunir dans un vaste ouvrage — tout moderne, mais disposé traditionnellement d'après les décamérons et les heptamérons de jadis — des nouvelles dues aux plus éminents conteurs de notre époque.

Faire un décaméron ! c'est-à-dire réunir cent contes disposés en dix journées, ce n'était pas une mince difficulté ; mais l'éditeur n'a pas compté en vain sur la bonne grâce des auteurs. Les plus célèbres ont bien voulu répondre à son appel : Edmond ABOUT, Paul ARÈNE, Théodore de BANVILLE, Léon CLADEL, Jules CLARETIE, François COPPÉE, Alphonse DAUDET, Edmond de GONCOURT, Ludovic HALÉVY, Arsène HOUSSAYE, Camille LEMONNIER, René MAIZEROY, GUY DE MAUPASSANT, Charles MONSELET, Catulle MENDÈS, Aurélien SCHOLL, Armand SILVESTRE, VILLIERS DE L'ISLE-ADAM, Émile ZOLA, et beaucoup d'autres ont accepté de collaborer au *Nouveau Décaméron*. On peut dire que jamais plus complet ni plus éclatant assemblage de noms et de talents ne s'est produit dans un livre.

Mais, à cet attrait puissant, un autre s'ajoute, très nouveau, très piquant, tout à fait imprévu. Le *Nouveau Décaméron* nous montre les auteurs *eux-mêmes*, disant leurs contes dans un monde analogue à celui qu'imagina Boccace ou la reine de Navarre, mais tout à fait moderne ; et quand les beaux diseurs se sont tus, une subtile et courtoise compagnie d'écouteurs et d'écouteuses disserte, comme dans une Cour d'Amour, sur les contes entendus.

C'est au château de la marquise Thérèse de Lionne que bavarde le *Nouveau Décaméron*. Ce château existe-t-il en effet ? Est-il vrai que tant de poètes aimés, de romanciers, d'artistes et d'irréprochables Parisiennes se soient réunis dans la grande serre pour dire et écouter des contes ? C'est ce dont le lecteur décidera ; mais si l'histoire n'est pas vraie de tout point, elle est du moins vraisemblable et jolie.

Un tel livre — merveille littéraire — devait être une merveille typographique. Aucun effort, aucun soin n'a été négligé pour que les deux fascicules du

Nouveau Décaméron fussent un livre aussi parfait que possible. Des caractères elzéviriens entièrement neufs, — romains et italiques, — un papier vélin anglais très fort, un tirage qui ne laisse rien à désirer, ont de quoi satisfaire les bibliophiles les plus exigeants.

Le *Nouveau Décaméron* comprend dix fascicules ou volumes petit in-8° écu de 160 à 180 pages. Chaque volume contient une journée, c'est-à-dire dix contes, il est enrichi de têtes de pages, lettres ornées, culs-de-lampe et fleurons dessinés spécialement pour l'ouvrage.

Plus, de deux eaux-fortes, dont l'une représente le Roi de la Journée.

Première journée.. — *Le Temps d'aimer.*
Deuxième journée. — *Dans l'atelier.*
Troisième journée. — *Les Amours mondaines.*
Quatrième journée. — *La Rue et la Route.*
Cinquième journée. — *Comme il vous plaira.*
Sixième journée.. — *Les plus tristes.*
Septième journée. — *Les Amours au théâtre.*
Huitième journée. — *Amours lointaines.*
Neuvième journée. — *Les Chastes Amours.*
Dixième journée.. — *L'Idéal.*

PRIX : 6 francs le volume.

Il en a été tiré, en outre, un petit nombre sur papier de Hollande et du Japon, avec double suite des eaux-fortes.

(La collection des 10 volumes, cartonnage élégant, 75 fr.)

GUSTAVE AIMARD

LE ROI DES PLACÈRES D'OR

Un volume in-8°.

ILLUSTRATIONS DE FERNAND BESNIER

Prix broché. . . . . 8 fr. »
Cartonnage riche, tranches dorées. . . . . 12 fr. »

LE BRÉSIL NOUVEAU

Un volume in-8°.

ILLUSTRATIONS DE FERNAND BESNIER

Prix broché . . . . 8 fr. »
Cartonnage riche, tranches dorées. . . . . 12 fr. »

Le célèbre auteur des *Trappeurs de l'Arkansas*, le rival de Fenimore Cooper, a laissé une œuvre considérable, qui devait tenter l'imagination des artistes. Celui qui s'est chargé de présenter, d'abord entre tous les récits de Gustave Aimard, ceux qui n'ont été publiés que depuis peu d'années et n'ont pas encore atteint la vogue des plus anciens, est l'habile dessinateur qui a orné de ravissantes compositions *Pour lire au bain* de Catulle Mendès et les *Contes pour les baigneuses* de Dubut de Laforest.

Ici, dans un tout autre cadre, l'artiste a évoqué les

grandes prairies, les forêts vierges, les splendeurs et l'éclat de la grande capitale du Brésil, la vie active, son commerce, les beautés de sa rade célèbre et du pays féerique qui s'étend autour de Rio-Janeiro comme une ceinture de pierreries éblouissantes.

Il n'est personne qui ne se laisse entraîner à la suite de l'éminent écrivain et de l'artiste qui l'a traduit avec la magie de son crayon, par les aventures extraordinaires de ces héros de l'Amérique espagnole qui dépassent de cent coudées ceux de Jules Verne. L'œuvre d'Aimard mérite la même popularité pour l'enfance et la jeunesse que celle qu'ont obtenue les brillants récits de l'auteur du *Tour du monde en 80 jours*, et ce premier volume peut sous tous les rapports rivaliser avec eux.

www.ingramcontent.com/pod-product-compliance
Lightning Source LLC
Chambersburg PA
CBHW071601170426
43196CB00033B/1515